Norbert Hoerster
Abtreibung im säkularen Staat

Argumente gegen den § 218

Mit einem Anhang
zur zweiten Auflage:
Das Lippenbekenntnis des
Bundesverfassungsgerichts
zum Lebensrecht des Ungeborenen

Suhrkamp

Die Deutsche Bibliothek – CIP-Einheitsaufnahme
Hoerster, Norbert:
Abtreibung im säkularen Staat :
Argumente gegen den § 218 /
Norbert Hoerster. –
2. Aufl. Mit einem Anh.:
Das Lippenbekenntnis des Bundesverfassungsgerichts
zum Lebensrecht des Ungeborenen. –
Frankfurt am Main :
Suhrkamp, 1995
(Suhrkamp-Taschenbuch Wissenschaft ; 929)
ISBN 3-518-28529-7
NE: GT

suhrkamp taschenbuch wissenschaft 929
Erste Auflage 1991
© Suhrkamp Verlag Frankfurt am Main 1991 und 1995
Suhrkamp Taschenbuch Verlag
Alle Rechte vorbehalten, insbesondere das
des öffentlichen Vortrags, der Übertragung
durch Rundfunk und Fernsehen
sowie der Übersetzung, auch einzelner Teile.
Satz und Druck: Wagner GmbH, Nördlingen
Printed in Germany
Umschlag nach Entwürfen von
Willy Fleckhaus und Rolf Staudt

2 3 4 5 6 – ∞ 99 98 97 96 95

Inhalt

Vorwort

Gibt es rationale, jedermann nachvollziehbare Gründe für ein Verbot der Abtreibung durch Sozialmoral und Rechtsordnung? Die öffentliche Diskussion dieser Frage konzentriert sich weitgehend auf die falschen Aspekte:

1. Schlagwortartige Zielvorstellungen wie »Schutz des ungeborenen Lebens« und »Selbstbestimmung der Schwangeren« werden geltend gemacht, die am Kern des Problems vorbeigehen.

2. Es besteht eine verbreitete Neigung, embryologische Fakten ins Feld zu führen, deren Relevanz für die Problemlösung nicht ersichtlich ist.

3. Gleichzeitig gibt es eine Tendenz, der Leibesfrucht gewisse Fähigkeiten und Eigenschaften spekulativ zu unterstellen, deren Relevanz zwar ersichtlich ist, für deren Vorhandensein jedoch jeder Hinweis fehlt.

Die wenigen für die Lösung des Abtreibungsproblems relevanten wissenschaftlichen Fakten sind seit längerem bekannt und über jeden Zweifel erhaben. Entscheidend für die Problemlösung ist deshalb nicht die Ermittlung anderer oder zusätzlicher Fakten, sondern die Erörterung moralischer Grundfragen. Moralische Grundfragen aber bleiben in unserer Gesellschaft gewöhnlich den Kirchen und ihren Theologen überlassen; deren Ergebnisse werden dann von den Politikern und Juristen – in leicht abgemilderter Form – übernommen. Daß auf diese Weise nicht selten religiöse Voraussetzungen ausgesprochen oder unausgesprochen in die Rechtspolitik eingehen, kann nicht verwundern. Mit dieser Tatsache sollte man sich jedoch in einem säkularen Staat – insbesondere auf dem Gebiet des Strafrechts – nicht abfinden.

Wer sich nicht nur in politischen Detailfragen, sondern auch in moralischen Grundfragen das Denken nicht von anderen abnehmen lassen will, kann gerade in der Abtreibungsfrage einer ethischen Grundsatzerörterung nicht ausweichen. Eine solche Grundsatzerörterung aber verlangt nicht nur ein gewisses Maß an intellektueller Anstrengung, sondern auch die Bereitschaft, das angeblich »moralisch Selbstverständliche« durch Argumente in Frage zu stellen. Grundsätzliches, philosophisches Denken muß sich von den Argumenten zu den Ergebnissen – und nicht umgekehrt von den Ergebnissen zu den Argumenten – leiten lassen.

Die in diesem Buch dargelegten und erörterten Argumente führen im wesentlichen zu drei Ergebnissen, die sämtlich in Widerspruch zu herkömmlichen Auffassungen stehen:

1. Auf rationaler, weltanschaulich neutraler Basis gibt es keine überzeugenden Argumente für ein Abtreibungsverbot.

2. Die in unserer Gesellschaft gängige Begründung eines Abtreibungsverbots beruht in Wahrheit auf einer religiösen Glaubensannahme.

3. Ein derartig verstandenes Abtreibungsverbot läßt sich bei konsequenter Betrachtung weder mit einer Fristenregelung noch mit einer weitgefaßten Indikationenregelung vereinbaren.

Meine Argumentation wird, knapp skizziert, folgenden Verlauf nehmen: Ein generelles Tötungsverbot läßt sich bei rationaler Betrachtung nur auf der Basis individueller Interessen und Rechte begründen (Einleitung). Wenn man dabei grundsätzlich jedem menschlichen Individuum ein Recht auf Leben zugesteht, ist ein fast uneingeschränktes Abtreibungsverbot die Folge (Kapitel 1 und 2). Tatsächlich verdienen menschliche Individuen aber nur insoweit ein Lebensrecht, als sie über eine für die Einräumung eines Lebensrechtes relevante Eigenschaft verfügen (Kapitel 3). Als eine solche Eigenschaft kommt allein die – in einem bestimmten Sinn verstandene – aktuelle Personalität eines Wesens in Betracht, welche die Leibesfrucht nicht besitzt (Kapitel 4 und 5). Die bloße Empfindungsfähigkeit sowie die bloß potentielle Personalität, welche die Leibesfrucht besitzt, sind für die Einräumung eines Lebensrechtes nicht ausreichend (Kapitel 6 und 7). Auch das öffentliche Interesse am Leben vorpersonaler Wesen kann nicht zur Begründung eines Abtreibungsverbots führen (Kapitel 8). Es ist die religiöse Glaubensannahme von der Gottebenbildlichkeit jedes gezeugten menschlichen Individuums, die in unserer Gesellschaft einem Abtreibungsverbot zugrunde liegt (Kapitel 9). Bei säkularer Betrachtung spricht alles dafür, das generelle Tötungsverbot genau mit dem Zeitpunkt der Geburt beginnen zu lassen (Kapitel 10). Auch die Interessen der Schwangeren an ihrer eigenen Gesundheit sowie eventuelle soziale Gefahren einer selektiven Abtreibung sind nicht geeignet, ein Abtreibungsverbot zu rechtfertigen (Schluß). Meine Argumente und ihre Resultate sind zwar weitgehend unüblich, aber nicht neu. Tatsächlich stimmen sie in zahlreichen Punkten mit Auffassungen anderer sozialphilosophischer Gegenwartsautoren überein. Da es in diesem Buch jedoch um ethische Sachfragen und nicht um Bildungswissen geht, habe ich darauf verzichtet, die Übereinstimmung jeweils in Fußnoten kenntlich zu machen. Statt dessen empfehle ich an dieser Stelle dem umfassend interessierten Leser ausdrücklich jene Untersuchungen, von deren Studium ich profitiert habe.[1] Nicht profitiert habe ich von der Lektüre jener zahllosen, an der Oberfläche bleibenden Veröffentlichungen deutscher Rechtswissenschaftler, die die Rechtspolitik der Abtreibung behandeln.

Stellenweise habe ich in diesem Buch auf Material zurückgegriffen, das ich bereits in Aufsätzen publiziert habe (vgl. Literaturverzeichnis). Zahlreiche Gespräche mit Herrn Dr. Michael Baurmann haben zur Ausarbeitung meiner Position wesentlich beigetragen.

1 Tooley 1983; Singer 1984; Leist 1990a; Sammelband Leist (Hrsg.) 1990b.

Einleitung: Ethik des Tötungsverbots

Vorweg zwei terminologische Festsetzungen: 1. Die Frage, ob es hinreichende Gründe für ein sozialmoralisches oder rechtliches *Verbot* einer bestimmten Handlung (wie der Abtreibung) gibt, bezeichne ich im folgenden als die Frage der *Verbotswürdigkeit* dieser Handlung. 2. Wenn ich im folgenden einfach von *Tötung* spreche, meine ich stets die Tötung *menschlichen* Lebens.

Die Abtreibung ist eine Tötungshandlung. Um uns über die Verbotswürdigkeit der Abtreibung eine fundierte Meinung bilden zu können, wollen wir uns deshalb zunächst einige generelle Gedanken über die Begründung eines Tötungsverbots machen.

In der Praxis zweifelt wohl niemand an der Verbotswürdigkeit der Tötung im *Normalfall*. Umstritten ist jedoch die Verbotswürdigkeit der Tötung in einer ganzen Reihe von *Sonderfällen*. Man denke – außer an Abtreibung – etwa noch an Tötung im Krieg, an Tötung in Form der Todesstrafe oder an Tötung zum Zweck der Sterbehilfe.

Es ist nun aber nicht ausgeschlossen, daß die bestehenden Meinungsverschiedenheiten über derartige Sonderfälle u. a. darauf beruhen, daß hinsichtlich der Tötung im Normalfall zwar nicht über das *Ergebnis*, aber doch über den *Grund* der Verbotswürdigkeit unterschiedliche Vorstellungen herrschen. Mit anderen Worten: Es ist nicht ausgeschlossen, daß die unterschiedlichen *Begründungsvorstellungen* für die Verbotswürdigkeit der normalen Tötung sich im praktischen Ergebnis – zwar nicht für den Normalfall selbst, aber eben doch für die Sonderfälle – auswirken. Wie läßt sich also für den Normalfall die Verbotswürdigkeit der Tötung begründen?

Überpositive Norm

Am einfachsten wäre die Verbotswürdigkeit der Tötung sicher dann zu begründen, wenn es eine überpositive, absolut geltende Norm gäbe, wonach dem Menschen kein Verfügungsrecht über menschliches Leben zusteht, wonach menschliches Leben der Verfügung durch den Menschen schlechthin entzogen ist. Eine solche überpositive, absolut geltende Norm der »Unverfügbarkeit menschlichen Lebens« wird häufig als existent behauptet und in kontroversen moralischen Fragen wie der Abtreibungsfrage in die Diskussion gebracht. Existiert eine solche Norm tatsächlich?

Das würde generell voraussetzen, daß es absolut geltende Verhaltensmaßstäbe oder Normen gibt, die sich mit der Vernunft erkennen lassen. Diese Voraussetzung ist jedoch mit einem modernen wissenschaftlichen Weltbild kaum zu vereinbaren. Sie ist nicht nur mit einer Vielzahl erkenntnistheoretischer Probleme behaftet.[2] Sie widerspricht auch einem realistischen Verständnis menschlichen Sozialverhaltens und seiner normativen Steuerung. Realistisch betrachtet, steht nämlich hinter jedem *Sollen* einer geltenden Norm das *Wollen* einer Person oder einer Gesellschaft, die durch diese Norm

2 Vgl. etwa Mackie 1981, Kapitel 1.

das Verhalten der Normadressaten beeinflussen möchte. Wenn X eine Handlung ausführen *soll*, so gibt es auch immer jemanden, der die Ausführung dieser Handlung durch X *will*.[3]

Nun muß jener Wille, der hinter der Norm des Tötungsverbots steht, nicht notwendig der Wille einer *menschlichen* Person oder Gesellschaft sein. Es könnte auch der Wille einer *göttlichen* Person, der Wille Gottes sein. Tatsächlich ist den häufigen Berufungen auf eine überpositive »Unverfügbarkeit« oder »Unantastbarkeit« des menschlichen Lebens am ehesten auf einem solchen religiösen Hintergrund ein Sinn abzugewinnen: Es ist Gott, der das menschliche Leben für unverfügbar erklärt hat.

Könnte man deshalb die Verbotswürdigkeit der Tötung nicht auf den göttlichen Erlaß eines Tötungsverbots gründen? Ein solches Vorgehen ist an mindestens drei Voraussetzungen gebunden: 1. Gott existiert. 2. Gott hat ein Tötungsverbot erlassen. 3. Das göttliche Tötungsverbot ist ein ausreichender Grund für die Ingeltungsetzung eines Tötungsverbots in der weltlichen Moral- und Rechtsordnung.

Auch ohne diese drei Voraussetzungen im einzelnen zu erörtern: Es erscheint so gut wie ausgeschlossen, sie mit ausschließlich rational-philosophischen Mitteln, d. h. ohne die Heranziehung spezifisch religiöser Glaubensannahmen, zu begründen. Das gilt offenkundig insbesondere für die zweite Voraussetzung: Wie können wir ohne religiöse Dogmen wissen, daß Gott ein Tötungsverbot erlassen hat? Und wie können wir weiter wissen,

---

3 Ausführlicher Hoerster 1982.

welche Grenzen Gott für dieses Tötungsverbot gesetzt hat? Ist es auf alle lebenden Wesen anwendbar? Oder nur auf menschliche Wesen? Und ist es auf menschliche Wesen in jedem Fall anwendbar? Erfaßt es also auch solche Sonderfälle wie Krieg, Sterbehilfe und Abtreibung?

Schon diese wenigen Hinweise genügen, um zu zeigen, daß es schier aussichtslos ist, die Verbotswürdigkeit der Tötung in rational verbindlicher Weise auf den Willen oder die Absichten Gottes zu gründen. Auf die Rolle, die eine religiös inspirierte Argumentation speziell im Rahmen der Abtreibungsthematik spielt, werde ich unter 9 noch im einzelnen zurückkommen.

Das Tötungsverbot auf eine überpositive Norm zu gründen, ist nach alledem im säkularen Staat nicht möglich.

Schutz der Gesellschaft

Häufig trifft man auf die Vorstellung, ein Tötungsverbot sei erforderlich zum Schutz der Gesellschaft: Eine Gesellschaft, die sich nicht selbst aufgeben wolle, müsse es ihren Mitgliedern untersagen, sich gegenseitig zu töten.

Dieses Argument scheint von leicht nachvollziehbaren empirischen Interessen auszugehen und deshalb nicht solchen Einwänden ausgesetzt zu sein wie das Argument der metaphysischen oder religiösen »Unverfügbarkeit« des Lebens. Bei näherem Hinsehen zeigt sich jedoch, daß auch dieses Argument keineswegs unproblematisch ist: Es läßt verschiedene Deutungen zu und ist sicher nicht in jeder dieser Deutungen haltbar.

Wir stoßen schnell auf die alternativen Deutungen, wenn wir die Frage stellen: *Warum* verdient die Gesellschaft es, in ihrem Bestand geschützt zu werden? Drei verschiedene Antworten erscheinen denkbar.

Die erste Antwort könnte lauten: Daß die Gesellschaft in ihrem Bestand geschützt werden muß, ist selbstverständlicher Inhalt einer absolut geltenden, überpositiven Norm. Der Bestand der Gesellschaft ist ein dem Menschen metaphysisch vorgegebener Wert. Diese Antwort ist natürlich das Pendant zu dem oben erörterten Argument für die »Unverfügbarkeit« des (individuellen) menschlichen Lebens. Sie ist deshalb auch an dieselben Voraussetzungen wie dieses Argument gebunden und aus denselben Erwägungen wie dieses Argument nicht hinreichend rational begründbar.

Die zweite Antwort könnte lauten: Die *Gesellschaft selbst* hat ein elementares Interesse an ihrem eigenen Bestand und besitzt somit guten Grund, dieses Interesse durch Ingeltungsetzung eines Tötungsverbotes zu schützen. Aber was heißt es, der Gesellschaft als solcher irgendein »Interesse« zuzuschreiben? Interessen können genaugenommen doch nur lebende Wesen, hier also menschliche Wesen, haben. Wenn man von dem Interesse einer *Gruppe* oder *Gesellschaft* spricht, so kann man damit im Grunde nichts anderes meinen als das (zumindest weitgehend) übereinstimmende Interesse der *Mitglieder* dieser Gruppe oder Gesellschaft. Was nach der zweiten Antwort eigentlich durch ein Tötungsverbot geschützt werden soll, ist also ein bestimmtes Interesse der einzelnen Wesen, welche die Gesellschaft bilden. Damit wären wir aber bei der dritten möglichen Antwort angelangt.

Die dritte Antwort könnte lauten: Die *einzelnen Individuen* haben ein überragendes Interesse am Bestand der Gesellschaft und haben deshalb guten Grund, dieses Interesse durch Ingeltungsetzung eines Tötungsverbotes zu schützen. In dieser dritten Form ist das Argument des Schutzes der Gesellschaft sicher am überzeugendsten. Die folgende Überlegung wird jedoch zeigen, daß das Argument selbst in dieser Form zumindest einen überflüssigen Umweg darstellt, der es in seiner Beweiskraft lediglich schwächt.

Wir müssen uns zunächst fragen: *Warum* haben die einzelnen Individuen ein so großes Interesse am Bestand der Gesellschaft? Die Antwort erscheint nicht schwierig. Dieses Interesse geht offenkundig auf Bedürfnisse und Wünsche vielfältiger Art zurück. Das Leben in der Gesellschaft hat gegenüber dem Leben in der Vereinzelung für das Individuum eine Vielzahl von Vorteilen.

Ergibt sich aber aus diesem Interesse am Bestand der Gesellschaft auch ein Argument für die Ingeltungsetzung eines *Tötungsverbotes*, d. h. für die Verbotswürdigkeit der Tötung des Individuums? Dies erscheint überaus fraglich. Es zeigt sich hier eine grundlegende Schwäche *jeder* Argumentation für die Verbotswürdigkeit der Tötung auf dem Weg über den Schutz der Gesellschaft. Selbst wenn wir nämlich den Bestand der Gesellschaft als erstrebenswert voraussetzen: Es ist keineswegs ausgemacht, daß die Ingeltungsetzung eines generellen Tötungsverbotes überhaupt *erforderlich* ist, um den Bestand der Gesellschaft zu sichern. Sogar eine etwa um die Hälfte ihrer Mitglieder dezimierte Gesellschaft muß ja als gesellschaftliche Ordnung nicht unbedingt zusammenbrechen. Dabei erscheint die Annahme, daß ohne Tötungsverbot jedes zweite Individuum getötet würde, schon recht extrem.

Wir können uns die Situation aber leicht noch eindeutiger ausmalen: Angenommen, es gibt in der Gesellschaft ein Tötungsverbot. Dieses gilt jedoch nicht generell, sondern schützt nur die große Mehrheit der Bevölkerung. Einige Minderheiten dagegen sind ausdrücklich von seinem Schutz ausgenommen. Eine solche Regelung würde, wie auch die Erfahrung zeigt, die Existenz der Gesellschaft *mit Gewißheit* nicht gefährden.

Wir sehen also, daß zur Sicherung des Bestandes der Gesellschaft als solcher unter Umständen gar kein Tötungsverbot, jedenfalls aber kein *umfassendes* Tötungsverbot erforderlich ist. Diese Überlegung zeigt, daß wir, wenn wir weiterhin versuchen wollen, unter beliebigen Umständen ein umfassendes, generelles Tötungsverbot zu begründen, nach einem anderen Argument als dem des Schutzes der Gesellschaft Ausschau halten müssen. Da wir auf der Suche nach der Begründung eines solchen Verbots inzwischen aber ohnehin bei dem *Interesse des Individuums* als letzter Instanz angelangt sind, erscheint es nur naheliegend, die Argumentation *unmittelbar* an das Interesse des Individuums anzuknüpfen.

Schutz individueller Interessen

Tatsächlich läßt sich die Verbotswürdigkeit der Tötung für den Normalfall ziemlich problemlos begründen, wenn man ohne Umweg von den realen Interessen menschlicher Individuen ausgeht. Das ausschlaggebende Argument lautet wie folgt: Das menschliche Individuum hat im Normalfall ein starkes Interesse am Überleben. Dieses Interesse richtet sich von Natur aus zwar nicht auf menschliches Überleben schlechthin, d. h. auf das Überleben *jedes beliebigen* menschlichen Individuums. Wenn das der Fall wäre, wäre ein moralisches oder rechtliches Tötungs*verbot* ja überflüssig. Das betreffende Interesse richtet sich von Natur aus aber durchaus auf das *eigene* Überleben sowie auf das Überleben *persönlich Nahestehender*.

Unter diesen Umständen profitiert nun aber jeder einzelne von der Ingeltungsetzung eines generellen, d. h. jedes Überlebensinteresse schützenden Tötungsverbotes. Selbst wenn der eine oder andere gelegentlich den Wunsch haben sollte, einen anderen ungehindert zu töten, so wird sein Interesse am eigenen Überleben sowie am Überleben der ihm Nahestehenden, längerfristig betrachtet, normalerweise doch erheblich stärker sein als jener gelegentliche Tötungswunsch. Da aber nur ein *generelles* Tötungsverbot jedermanns Leben schützt, ist ein solches Tötungsverbot tatsächlich von jedermanns Standpunkt aus, also *intersubjektiv* begründet.[4]

Daß menschliches Leben mit den Mitteln der Moral- und Rechtsordnung geschützt werden muß, läßt sich

4 Daß tatsächlich *jedermanns* Leben – also auch das Leben von Minderheiten – geschützt werden muß, ist unter den Vertretern einer interessenorientierten Ethik im Ergebnis unbestritten. In der Art, wie dieses Ergebnis begründet wird, bestehen allerdings zwischen einem universalistisch-utilitaristischen und einem individualistischen Ansatz gewisse Unterschiede (vgl. Singer 1984, Kapitel 1 und 10 mit Mackie 1981, Kapitel 4-6 sowie Hoerster 1983). Diese Unterschiede besitzen für die vorliegende Untersuchung keine wesentliche Bedeutung.

also auch ohne Berufung auf fragwürdige metaphysische oder religiöse Voraussetzungen sowie ohne Berufung auf einen nebulosen »Schutz der Gesellschaft« begründen.

Die sogenannte »Unverfügbarkeit« des menschlichen Lebens ist so gesehen kein dem Menschengeschlecht absolut vorgegebener Wert, sondern eine im Interesse menschlicher Individuen existierende soziale Einrichtung. Und zwar ist dem überragenden Interesse, das menschliche Individuen an ihrem eigenen Leben haben, am besten dadurch gedient, daß nicht nur in pauschaler Weise die Tötung menschlicher Individuen verboten wird, sondern daß jedem dieser Individuen, das dieses Interesse an seinem Leben besitzt, ein eigenständiger Anspruch, ein eigenständiges *Recht* auf *sein* Leben eingeräumt wird.

Auf diese Weise kommt zum Ausdruck, daß das betreffende Tötungsverbot nicht etwa einem Fremdinteresse Dritter dient (wie beispielsweise ein Zerstörungsverbot seltener Pflanzen), sondern daß es einem Eigeninteresse, und zwar einem gewichtigen und anhaltenden Eigeninteresse derjenigen dient, deren Tötung verboten ist. Dementsprechend können in diesem Fall nur *besonders gravierende* entgegenstehende Interessen, die in der Regel ihrerseits mit Rechten verbunden sind, dazu führen, eine Suspendierung des Tötungsverbots zu legitimieren. Ein Beispiel ist das Interesse, in einer Notwehrsituation einen Angriff von sich abzuwehren. Selbst ein *Recht* auf Leben ist insoweit nie mehr als ein prima-facie-Recht, d. h. ein Recht, das unter Umständen im konkreten Fall zu weichen hat.

Ein Tötungsverbot andererseits, das einem nur unbedeutenden oder gar keinem Eigeninteresse der Geschützten dient und das deshalb zu keinem *Recht* auf Leben seitens der Geschützten führt, kann auch durch *relativ geringfügige* entgegenstehende Interessen unterschiedlichster Art aus dem Feld geschlagen werden. So kann etwa das Zerstörungsverbot seltener Pflanzen, das ja nicht einem Interesse der Pflanzen selbst dienen kann, im konkreten Fall schon durch allgemeine Nutzenerwägungen (etwa mit dem Ziel einer Aufforstung des betreffenden Gebietes) verdrängt werden.

Welche Konsequenzen sich speziell für die Verbotswürdigkeit der Abtreibung ergeben, wenn man die Verbotswürdigkeit der Tötung generell, wie hier vertreten, auf den Schutz individueller Interessen gründet, wird im folgenden ausführlich erörtert werden.

Tötungsverbot und Abtreibung

Auch hier zu Beginn eine terminologische Festsetzung: Wenn ich im folgenden ohne Qualifikation vom *Fötus* spreche, so meine ich stets die menschliche Leibesfrucht von der Befruchtung bis zur Geburt (also außer dem Fötus im engeren, medizinischen Sinne auch den Embryo sowie den Präembryo).

Um uns auf der Basis einer interessenorientierten Begründung des Tötungsverbots ein Bild von der Verbotswürdigkeit der Abtreibung machen zu können, müssen wir die im Zusammenhang mit der Abtreibung relevanten Interessen sichten und gewichten. Dabei ist in erster Linie an ein Überlebensinteresse des Fötus zu denken, das gegebenenfalls die Einräumung eines eigenständigen Lebensrechts rechtfertigen könnte. Der Fötus ist es ja, der durch die Abtreibung sein Leben verliert. Berücksichtigung verdienen aber auch die Interessen der Schwangeren, die durch die Schwangerschaft in vielfältiger Weise berührt werden. Schließlich ist zu denken an ein mögliches öffentliches Interesse, verstanden als Bündel der Interessen solcher Individuen, die, obschon selbst durch Schwangerschaft bzw. Abtreibung nicht unmittelbar betroffen, dem ungeborenen menschlichen Leben eine gewisse Wertschätzung entgegenbringen. Alle diese im Spiel befindlichen Interessen werden in den folgenden Kapiteln im einzelnen erörtert werden.

1. Der Fötus als menschliches Individuum

Daß man dem Fötus das typisch menschliche Überlebensinteresse überhaupt zuschreiben kann, setzt zunächst einmal voraus, daß der Fötus überhaupt ein menschliches Individuum ist. Ist der Fötus ein menschliches Individuum?

Bevor wir diese Frage beantworten können, müssen wir kurz klären, was wir unter einem menschlichen Individuum verstehen wollen. Ich werde in dieser Abhandlung den Ausdruck »menschliches Individuum« wie auch den Ausdruck »menschliches Wesen« im Sinne von »Angehöriger der menschlichen Spezies« oder »Exemplar der Spezies *Homo sapiens*« verwenden.[5] Nach meinem Wortgebrauch gibt es somit neben *menschlichen* Individuen ohne weiteres auch tierische oder pflanzliche Individuen, d. h. individuelle Vertreter oder Exemplare von bestimmten Tier- und Pflanzenarten.

Ist nun der Fötus in dem erläuterten Sinn ein menschliches Individuum? Das scheinen vor allem die Anhänger des bekannten Slogans »Mein Bauch gehört mir« bestreiten zu wollen. Denn dieser Slogan setzt offenbar voraus, daß der Fötus lediglich ein Körperteil oder Organ der Schwangeren und also nicht ein eigenständiger Angehöriger der menschlichen Spezies ist.

Eine solche Sichtweise ist durch die heutigen wissenschaftlichen Erkenntnisse über die Entwicklung des Fötus eindeutig widerlegt.[6] Richtig ist zwar, daß der

5 Zu meiner Verwendung der Ausdrücke »Mensch« und »Person« siehe unten S. 65 f. bzw. S. 75 f.
6 Siehe etwa Zimmer 1984.

Fötus in dem Sinn »unselbständig« ist, daß er nicht von sich aus, ohne fremde Hilfe überleben kann – was im übrigen auf das Kleinkind ja ebenfalls zutrifft. Das ändert aber nichts an der Tatsache, daß der Fötus von Anfang an ein eigenständiger Angehöriger der biologischen Spezies *Homo sapiens* ist. Nicht anders als der geborene Mensch ist bereits der Fötus ein unverwechselbares menschliches Wesen mit einem einmaligen genetischen Programm. Seine sämtlichen physischen und psychischen Eigenschaften sind bereits in der befruchteten Eizelle anlagemäßig enthalten.

Diese Eigenschaften, die im Fötus bereits mit der Befruchtung als *potentielle* Eigenschaften vorhanden sind, werden im Lauf seiner Entwicklung – zum Teil vor, zum Teil nach der Geburt – zu *aktuellen* Eigenschaften. Das menschliche Individuum ist demnach ein Wesen, das mit der Befruchtung sein Leben beginnt und von der befruchteten Eizelle – über den Präembryo, den Embryo, den Fötus (im engeren, medizinischen Sinne des Wortes), das Kind und den Jugendlichen – bis zum Erwachsenen einen kontinuierlichen Entwicklungsprozeß durchläuft. Die Unterstellung, der Fötus sei nichts weiter als ein Teil der Schwangeren, der sich im Augenblick der Geburt plötzlich in ein menschliches Individuum *verwandelt*, ist einfach falsch. Der Fötus *ist* ein menschliches Individuum.

Da der Fötus aber ein menschliches Individuum ist, kommt er grundsätzlich auch als Träger des typisch menschlichen Überlebensinteresses in Betracht. Eine andere Frage ist, ob er dieses Überlebensinteresse angesichts seines Entwicklungsstandes auch tatsächlich bereits besitzt. Ich werde in den Kapiteln 5-7 ausführlich argumentieren, daß gerade diese Voraussetzung *nicht* erfüllt ist. Daraus wird sich für mich die Folgerung ergeben, daß dem Fötus ein Lebensrecht legitimerweise nicht eingeräumt werden kann.

Diese Folgerung steht im Gegensatz zu einer verbreiteten Meinung, wonach aus der Tatsache, daß der Fötus ein menschliches Individuum ist, ohne weiteres abgeleitet werden kann, daß ihm auch ein Lebensrecht zusteht. Im folgenden Kapitel werde ich deshalb zunächst die Frage untersuchen, welche Konsequenzen denn für die Abtreibungsfrage zu ziehen *wären, wenn* man dem Fötus als menschlichem Individuum ein Lebensrecht einräumen *würde.* Diese Untersuchung wird ergeben, daß die Konsequenzen, die aus der verbreiteten Auffassung eines Lebensrechtes für jedes menschliche Individuum einschließlich des Fötus eigentlich zu ziehen wären, nur von wenigen Anhängern dieser Auffassung tatsächlich gezogen werden. Auch unter diesem Aspekt haben die Anhänger dieser Auffassung deshalb guten Grund, Alternativen zu ihrer Position in Betracht zu ziehen.

2. Die Konfliktlage der Schwangeren

Wenn dem Fötus ein Lebensrecht eingeräumt werden muß, dann scheint daraus zu folgen, daß die Tötung des Fötus – in sozialmoralischer wie in rechtlicher Hinsicht – verbotswürdig ist. Mit anderen Worten: Für eine Zulassung der Abtreibung scheint kein Raum zu sein. Bei dieser Sichtweise bliebe jedoch unberücksichtigt, daß eine Frau, die ungewollt schwanger ist, normalerweise ja nicht grundlos eine Abtreibung in Betracht zieht, sondern daß sie sich in einer Konfliktlage befindet – in einer Konfliktlage zwischen dem (hier vorausgesetzten) Lebensrecht des Fötus auf der einen Seite und gewissen eigenen Rechten, die durch eine Fortsetzung der Schwangerschaft beeinträchtigt würden, auf der anderen Seite.[7] Diese Konfliktlage[8] im einzelnen zu beschreiben und zu gewichten, ist schwieriger, als gewöhnlich angenommen wird, und bedarf eingehender Erörterungen.

Das wichtigste Argument in diesem Zusammenhang lautet wie folgt: Zwar ist die Tötung des Fötus als Tötung eines menschlichen Individuums verbotswürdig – aber nicht unter allen denkbaren Umständen. Eine Tötung des Fötus ist dann *nicht* verbotswürdig, wenn diese Tötung sich als der einzige Ausweg aus einer Notlage darstellt, die so gravierend ist, daß sie die Tötung als das kleinere Übel erscheinen läßt. Diese Voraussetzung aber ist in vielen Fällen einer unerwünschten Schwangerschaft erfüllt.

7 Insofern kann auch das Lebensrecht des Fötus – wie jedes andere Lebensrecht – nur als ein prima-facie-Recht verstanden werden (vgl. oben S. 21).

8 Sie ist keineswegs identisch mit einer ganz anderen Konfliktlage, in der sich viele Schwangere ebenfalls befinden: der Situation, den Widerstreit der *unterschiedlichen eigenen Wünsche und Interessen* im Zusammenhang mit ihrer Schwangerschaft entscheiden zu müssen. Zur besseren Bewältigung *dieser* Konfliktlage ist die Einrichtung von *Beratungsstellen* sicher sinnvoll. Jene im Text thematisierte Konfliktlage dagegen, in der es um den Konflikt von Interessen bzw. Rechten *verschiedener* Individuen geht, muß von einer der Schwangeren *übergeordneten* Instanz wie dem Gesetzgeber aufgrund rechtsethischer Kriterien verbindlich entschieden werden.

Soweit der Kern des Argumentes. Wie ist es im einzelnen zu beurteilen? – Zunächst einmal müssen wir in diesem Zusammenhang zwei Arten von Notlagen unterscheiden, die generell eine an sich verbotswürdige Handlung wie eine Tötung rechtfertigen können. Der Jurist bezeichnet diese beiden Arten von Notlagen mit den Ausdrücken »Notwehr« bzw. »Notstand«.

Schwangerschaft und Notwehr

Beginnen wir mit der *Notwehr*. Eine Notwehrlage ist dann gegeben, wenn ein menschliches Individuum dem illegitimen Angriff eines anderen menschlichen Individuums ausgesetzt ist. Trifft diese Voraussetzung auf die unerwünschte Schwangerschaft zu? Diese Frage muß man verneinen. Zwar ist auch der Fötus, wie wir sahen, ein menschliches Individuum. Doch nicht jedes, sondern nur ein *zurechenbares* oder *verantwortbares* Verhalten eines menschlichen Individuums kann einen »Angriff« darstellen.[9] Zu einem verantwortbaren Verhalten aber ist der Fötus – wie im übrigen auch das Kleinkind – gar nicht in der Lage. Ein Recht auf Notwehr gegen den Fötus steht der Schwangeren deshalb nicht zu.

---

9 Diese Auffassung wird von den meisten deutschen Strafrechtswissenschaftlern nicht geteilt. Die betreffenden Strafrechtswissenschaftler kommen jedoch – auf zweifelhaften Umwegen – weitgehend zu denselben Ergebnissen, die sich aus der hier vertretenen Auffassung ergeben. (Überzeugend insoweit Hruschka 1988, 131 ff.)

Befindet sich die Schwangere gegenüber dem ihr unerwünschten Fötus in einem *Notstand*? Das ist der Fall. Denn der Fötus dringt bei einer unerwünschten Schwangerschaft gegen den Willen der Schwangeren in ihre Interessensphäre ein und setzt sie erheblichen Beeinträchtigungen ihres Wohlbefindens und ihrer Selbstentfaltung aus. Und zwar haben wir es hier mit einem sogenannten »Defensivnotstand« zu tun: Die Beeinträchtigung für den Betroffenen geht von derselben Seite aus, gegen die sich gegebenenfalls seine Notmaßnahme richtet; diese Maßnahme ist insofern defensiver Natur und dient unmittelbar der Abwehr.[10]

Daß dem zu verantwortbarem Handeln unfähigen Fötus sein Eindringen in die Interessensphäre der Schwangeren nicht *vorwerfbar* ist, steht der Annahme eines Notstandes nicht entgegen. Denn anders als eine Notwehr kann ein Notstand auch gegenüber unzurechenbar handelnden oder bewußtlosen menschlichen Individuen, ja gegenüber Tieren oder Sachen vorliegen.

---

10 Daneben gibt es auch den sogenannten »Aggressivnotstand«, bei dem sich die Notmaßnahme gegen einen Unbeteiligten richtet und insofern aggressiver Natur ist. Dementsprechend müssen die Legitimationsvoraussetzungen einer Notmaßnahme im Aggressivnotstand erheblich enger als die einer Notmaßnahme im Defensivnotstand gefaßt werden.

Fraglich könnte jedoch erscheinen, ob die Schwangerschaft, also das Eindringen des Fötus in die Sphäre der Frau, nicht von vornherein als ein durchaus rechtmäßiger, legitimer Vorgang zu betrachten ist, den die Schwangere deshalb trotz der damit für sie verbundenen Beeinträchtigungen hinnehmen muß. Nicht selten werden die folgenden Gründe dafür angeführt, diese Frage zu bejahen: 1. die natürliche Rolle der Schwangeren; 2. die besondere Pflichtenstellung der Schwangeren. Beide Gründe erweisen sich jedoch bei näherer Betrachtung als nicht stichhaltig.

Zunächst zu der sogenannten »natürlichen Rolle«, die der Schwangeren beim Entstehen und Wachsen menschlichen Lebens zukomme. Es ist, strikt genommen, Unsinn zu sagen, es sei die *Natur*, die Rollen, Pflichten oder ähnliches zuteilt. Die Natur schafft Fakten und setzt Zwänge – Zwänge, denen wir uns teilweise entziehen können und denen wir teilweise hilflos ausgeliefert sind. Ob wir die Natur jedoch gewähren lassen oder ihr entgegenwirken sollen, ist stets eine offene Frage. Daß etwas »natürlich« ist, besagt nicht im mindesten, daß es dem, was wir für wünschenswert oder zumutbar halten, entsprechen muß.

So »natürlich« wie eine Schwangerschaft ist für den Menschen auch das Wuchern von Krebszellen oder der tödliche Angriff eines Raubtieres. Niemand jedoch folgert aus dieser Tatsache, daß wir uns gegen Krebszellen sowie gegen Raubtiere nicht zur Wehr setzen dürfen! Warum also sollten wir uns im Prinzip nicht auch gegen eine Schwangerschaft zur Wehr setzen dürfen?

Außerdem: »Natürlich« ist im Leben einer durch-schnittlichen Frau eine Anzahl von etwa zwanzig bis dreißig Schwangerschaften. Die in unserer gegenwärti-gen Gesellschaft im Durchschnitt üblichen zwei bis drei Schwangerschaften (bzw. ein bis zwei Geburten) ver-fehlen den »Maßstab der Natur« kaum weniger als der vollständige Verzicht auf Kinder. Nun wäre zwar ein vollständiger Kinderverzicht seitens *jeder* Frau nicht nur »unnatürlich«, sondern – wegen des damit verbun-denen Aussterbens der Menschheit – offenbar auch tat-sächlich unerwünscht. Wie wir unter 8 im einzelnen se-hen werden, läßt sich aus dieser Tatsache jedoch kein Argument für die Verpflichtung zur Austragung einer konkreten Schwangerschaft ableiten.

Man kann also nicht sinnvoll argumentieren, die Schwangere müsse ihre Schwangerschaft samt deren Folgen einfach deshalb hinnehmen, weil die Natur das so vorsehe.

Wie steht es mit dem zweiten Argument gegen die An-nahme eines Notstandes, also dem Argument aus der »besonderen Pflichtenstellung«, die der Schwangeren zukomme? Ergibt sich aus dieser Pflichtstellung nicht wie selbstverständlich auch die Pflicht der Schwangeren, die mit der Schwangerschaft notwendig verbundenen Beeinträchtigungen zu erdulden?

Auch dieses Argument trägt zur Problemlösung nicht bei. Denn ob sich so etwas wie eine besondere Pflich-tenstellung auf seiten der Schwangeren – angesichts der besonderen Situation, in der sie sich gegenüber dem Fö-tus befindet – begründen läßt, das ist ja gerade die im vorliegenden Zusammenhang offene und zur Debatte stehende Frage. Die bloße *Behauptung* einer solchen

Pflichtenstellung ist deshalb in diesem Zusammenhang nutzlos.

Nach alledem kann eine unfreiwillige Schwangerschaft nicht von vornherein als rechtmäßige, legitime Form der Beeinträchtigung betrachtet werden, die die Schwangere unter allen Umständen hinnehmen muß. Zwar hat der Fötus – wie wir im gegenwärtigen Zusammenhang als gegeben voraussetzen – ein eigenständiges Lebensrecht. Dieses Lebensrecht führt als solches auch dazu, daß der Fötus *von niemandem ohne weiteres* getötet werden darf. Es führt aber keineswegs automatisch dazu, daß auch eine Person wie die Schwangere, die durch den Fötus in die besondere Notlage eines Defensivnotstandes versetzt wurde, den Fötus nicht töten darf.

Wir kommen deshalb nicht daran vorbei, diesen Defensivnotstand im einzelnen zu würdigen und die im Spiel befindlichen Interessen ethisch zu gewichten: Unter welchen Voraussetzungen kann dieser Defensivnotstand – sofern überhaupt – eine *Tötung* des Fötus rechtfertigen?

Güterabwägung Schwangere – Fötus

Bei der Untersuchung dieser Frage wollen wir der Einfachheit halber zunächst von einer Besonderheit, durch die sich die Notstandslage der Schwangeren gegenüber einer üblichen Notstandslage auszeichnet, bewußt absehen: nämlich von der Tatsache, daß die Schwangere diese Lage im Normalfall durch ihr freiwilliges Handeln (nämlich ihren Geschlechtsverkehr) selbst verursacht hat. Wir wollen uns also zunächst fragen, welche Konsequenzen sich aus der Notstandslage der Schwangeren ergeben *würden, wenn* eine Schwangerschaft generell ohne jedes vorangehende Tun der Schwangeren eintreten *würde.* Wir machen zu diesem Zweck ein Gedankenexperiment und stellen uns vor, eine geschlechtsreife Frau würde in bestimmten Zeitabständen im Wege der Parthenogenese, wie sie in der Natur ja keineswegs selten ist, schwanger werden. In diesem Fall könnte eine Duldungspflicht der Schwangeren gegenüber dem Fötus also mit Sicherheit nicht auf das vorangehende Tun der Schwangeren selbst gestützt werden.

Trotzdem wäre es vorschnell zu meinen, in diesem Fall dürfe die Schwangere selbstverständlich den Fötus zur Abwehr der ihr drohenden Beeinträchtigungen töten. Denn es stehen sich ja – immer unter der angenommenen Voraussetzung, daß dem Fötus als menschlichem Individuum ein Lebensrecht zusteht – nach wie vor dieses Lebensrecht auf der einen Seite und bestimmte Interessen der Schwangeren auf der anderen Seite gegenüber. Es kommt auch in diesem Fall alles darauf an, ob die Interessen der Schwangeren gewichtig genug sind, um das Lebensrecht des Fötus aus dem Feld zu schlagen.

Und zwar müssen wir bei der erforderlichen Abwägung, wie schon gesagt, bedenken, daß die Schwangere sich gegenüber dem Fötus in einem *Defensiv*notstand befindet. Das heißt, sie greift zur Beseitigung ihrer Notlage nicht etwa in die Interessen eines ganz Unbeteiligten ein (wie im Fall des *Aggressiv*notstandes), sondern sie greift in die Interessen gerade desjenigen ein, von dem die sie bedrohende Gefahr ausgeht. Deshalb erscheint es aber nur fair, der Schwangeren prinzipiell auch dann ein Abwehrrecht zuzugestehen, wenn das auf ihrer Seite *bedrohte* Gut nicht das *gleiche* Gewicht besitzt wie das durch ihre (zur Abwehr erforderliche) Maßnahme *vernichtete* Gut. Allerdings wird man fordern müssen, daß das vernichtete Gut das bedrohte Gut wertmäßig nicht *wesentlich* überwiegt.

So jedenfalls entscheidet das geltende Recht der Bundesrepublik Deutschland derartige Güterkonflikte *generell* im Fall eines Defensivnotstandes.[11] Diese Entscheidung unseres Gesetzgebers ist zwar – wie jede rechtspolitische Entscheidung – nicht unangreifbar. Spezifische Argumente, mit denen man sie angreifen könnte, sind jedoch nicht ersichtlich; sie dürfte vielmehr mit wohlüberlegten moralischen Überzeugungen in Einklang stehen.

Unsere Frage lautet also, welche Konsequenzen sich aus diesem generellen Maßstab für den speziellen Fall des Abbruchs einer unerwünschten Schwangerschaft ergeben. Und zwar kommt es nach dem Gesagten darauf an, ob die bei der Schwangeren auf dem Spiel stehenden Güter durch das Lebensrecht des Fötus *wesentlich* oder *erheblich* überwogen werden. Das aber hängt offenbar von der Schwere der mit der Schwangerschaft verbundenen Beeinträchtigungen ab.

11 Die relevante Vorschrift ist § 228 Bürgerliches Gesetzbuch. Diese Vorschrift ist zwar *ausdrücklich* nur auf den Defensivnotstand gegenüber *Sachen* anwendbar (wobei nach juristischem Sprachgebrauch unter »Sachen« in diesem Sinn auch Tiere fallen); sie läßt sich jedoch auf den Defensivnotstand gegenüber menschlichen Individuen *entsprechend* anwenden.

Gewiß überwiegt das Lebensrecht des Fötus die betroffenen Güter auf seiten der Schwangeren überhaupt nicht in jenem Extremfall, in dem das *Leben* der Schwangeren bedroht ist. Man wird wohl auch nicht sagen können, daß das Lebensrecht des Fötus wesentlich überwiegt (obgleich an diesem Punkt schon Zweifel möglich sind), wenn der Schwangeren ein *gravierender Gesundheitsschaden* droht. Das bedeutet: Im Fall einer in einem engen Sinn verstandenen *medizinischen Indikation* (also bei einer drohenden Lebensgefahr oder gravierenden Gesundheitsgefahr) wäre ein Schwangerschaftsabbruch gerechtfertigt.

In allen anderen Fällen jedoch würde man nicht zu diesem Ergebnis kommen können. Gesundheitsschäden leichterer oder vorübergehender Natur haben offensichtlich ein *erheblich* geringeres Gewicht als das Lebensrecht eines menschlichen Individuums. Insbesondere muß das für die mit einer Schwangerschaft üblicherweise verbundenen, ganz normalen Beeinträchtigungen von Wohlbefinden und Selbstentfaltung der Schwangeren gelten. Zwar sollte man auch diese normalen Beeinträchtigungen nicht bagatellisieren und bedenken, daß sie immerhin Monate andauern. Trotzdem läßt sich kaum leugnen, daß diese Beeinträchtigungen hinter jener Schädigung, die in der gewaltsamen Beendigung eines menschlichen Lebens liegt, ganz erheblich an Gewicht zurückbleiben.

Daraus folgt: Sofern keine in einem engen Sinn verstandene medizinische Indikation vorliegt, wäre ein Schwangerschaftsabbruch auch unter dem Gesichtspunkt des Defensivnotstands *nicht* gerechtfertigt. Und zwar gilt das wohlgemerkt unter der von uns fingierten

Voraussetzung, daß Schwangerschaften nicht auf ein vorangehendes Tun der Schwangeren zurückgehen, sondern Frauen ohne ihr Zutun heimsuchen. Diese Voraussetzung ist in der Realität im Normalfall nicht gegeben. Sie liegt lediglich in jenem Ausnahmefall vor, in dem die Schwangerschaft auf einer Vergewaltigung (oder einem vergleichbaren Eingriff in die Selbstbestimmung) beruht. Genau für diesen realen Fall würde also das soeben aufgestellte Rechtfertigungskriterium gelten.

Schwangerschaft als Folge von Vergewaltigung

Kann man aber wirklich eine Schwangerschaft durch Parthenogenese und eine Schwangerschaft durch Vergewaltigung ethisch auf dieselbe Stufe stellen? Ist es für eine Frau, die das Verbrechen einer Vergewaltigung hat erdulden müssen, nicht schlechthin unzumutbar, anschließend gegen ihren Willen auch noch mit den Folgen dieser Vergewaltigung leben zu müssen?

Dieser Einwand ist bei nüchterner Betrachtung nicht stichhaltig. Es geht nämlich bei der vorliegenden Abwägung gar nicht um das Verhältnis Schwangere – Vergewaltiger. (Es versteht sich von selbst, daß eine Frau die ihr *drohende* Vergewaltigung mit allen erforderlichen Mitteln abwehren darf und daß sie außerdem gegen den Vergewaltiger Schadensersatzansprüche hat.) Es geht vielmehr um das Verhältnis Schwangere – Fötus. Der Fötus aber ist keineswegs so etwas wie Komplize oder auch nur Werkzeug des Vergewaltigers. Er existiert zwar als *Folge* der Vergewaltigung, ist an dem Verbrechen als solchem jedoch völlig unbeteiligt. Er dringt zwar gegen den Willen der Frau in ihre Sphäre ein; das jedoch tut ein Fötus im fiktiven Fall einer unerwünschten Schwangerschaft durch Parthenogenese nicht weniger. Die Interessenabwägung zwischen Schwangerer und Fötus muß deshalb in beiden Fällen auch denselben Prinzipien folgen. Es wäre ganz ungerecht, den Fötus für ein Verbrechen zahlen zu lassen, das zum Abschluß kam, bevor er auch nur existierte!

Das schließt allerdings nicht aus, daß eine Vergewaltigung sich in der Weise auf die Zulässigkeit einer Abtreibung auswirkt, daß die auf der Vergewaltigung beruhende Schwangerschaft bei der Frau auf psychischem Wege eine gravierende Gesundheits- oder Lebensgefahr zur Folge hat. In diesem Fall wären die Voraussetzungen einer (im engen Sinn verstandenen) medizinischen Indikation erfüllt, und eine Abtreibung wäre nach dem oben Ausgeführten gerechtfertigt. Bei dieser Konstellation handelt es sich jedoch lediglich um eine empirische Möglichkeit, die keineswegs mit jeder Schwangerschaft infolge Vergewaltigung automatisch verknüpft ist.

Es besteht somit kein Grund, den realen Ausnahmefall einer Schwangerschaft durch Vergewaltigung per se anderen ethischen Kriterien zu unterwerfen als den fiktiven Fall einer unerwünschten Schwangerschaft durch Parthenogenese.

Was gilt nun aber für den realen *Normal*fall, in dem die Schwangerschaft auf freiwilligem Geschlechtsverkehr der betreffenden Frau beruht? Auch in diesem Fall hat die Frau ihre Schwangerschaft zwar nicht gewollt – wenn wir von dem Sonderfall, daß die Schwangere erst *nachträglich* eine negative Einstellung zu ihrer Schwangerschaft entwickelt, einmal absehen; sie hat jedoch bei ihrem Handeln, sofern sexuell aufgeklärt, die Möglichkeit einer Schwangerschaft entweder wissentlich in Kauf genommen oder in grob fahrlässiger Weise verdrängt. Sie hat also die Notstandslage, in die sie später gerät, durch ihr riskantes Handeln selbst verschuldet. Wie wirkt sich diese zusätzliche, im Regelfall vorliegende Komponente auf die Rechtfertigungsvoraussetzungen eines Schwangerschaftsabbruchs aus?

Das dürfte in präzisen Kategorien schwer zu bemessen sein. Mit Sicherheit kann man aber folgendes sagen: Die Voraussetzungen eines gerechtfertigten Schwangerschaftsabbruchs dürfen in diesem realen Normalfall gewiß nicht *weiter*, sondern müssen eher *enger* als in unserem hypothetischen Fall einer Parthenogenese (bzw. im realen Fall einer durch Vergewaltigung aufgezwungenen Schwangerschaft) gefaßt werden. Denn jemand, der sich selbst in eine Notstandssituation gebracht hat, kann offensichtlich keine *weitergehenden* Abwehrrechte haben als derjenige, der ohne eigenes Zutun in eine solche Situation geraten ist.[12]

12 Verfehlt wäre es allerdings, unter der genannten Voraussetzung das Vorliegen eines Defensivnotstands überhaupt zu leugnen. So auch die ausdrückliche Regelung des § 228 Bür-

Im Fall einer aufgezwungenen Schwangerschaft haben wir die Rechtfertigung eines Abbruchs an das Vorliegen einer in einem engen Sinn verstandenen medizinischen Indikation, genauer an eine mit der Schwangerschaft verbundene Lebensgefahr oder gravierende Gesundheitsgefahr geknüpft. Wenn wir diese Voraussetzungen im Fall einer normalen, nicht aufgezwungenen Schwangerschaft nunmehr verschärfen wollen, so bietet sich als Lösung an, einen Abbruch hier nur im Fall einer echten Lebensgefahr der Schwangeren für zulässig zu halten.

Die geltende Indikationenregelung

Ob man diesen Schritt nun tun will oder nicht, fest steht jedenfalls folgendes: Die Indikationenregelung unseres in Westdeutschland derzeit geltenden Abtreibungsrechts geht in ihrer Liberalität nicht nur über die Indikation einer Lebensgefahr, sondern auch über die Indikation einer gravierenden Gesundheitsgefahr *weit hinaus*: Dieses Abtreibungsrecht sieht sowohl eine eugenische Indikation (das Kind würde infolge einer Erbanlage oder schädlicher Einflüsse vor der Geburt an einer schwerwiegenden, nicht behebbaren Schädigung seines Gesundheitszustandes leiden), eine kriminologische Indikation (die Schwangerschaft beruht auf einer von mehreren Straftaten gegen die sexuelle Selbstbestimmung, etwa auf einer Vergewaltigung), als auch eine all-

gerliches Gesetzbuch: Auch derjenige, der etwa einen Hund gereizt hat, darf sich anschließend gegen ihn zur Wehr setzen.

gemeine, nicht näher umschriebene Notlagenindikation vor.[13]

Dabei können im Rahmen dieser letztgenannten allgemeinen Notlagenindikation offenbar auch Belastungen wirtschaftlich-sozialer Natur ausreichen. Außerdem wird gerade diese allgemeine Notlagenindikation in der Praxis nicht selten so freizügig ausgelegt, daß unsere derzeit geltende Abtreibungsregelung von Kritikern mit gutem Grund als »verkappte Fristenlösung« bezeichnet wird. (Von einer »Fristenlösung« spricht man deshalb, weil das geltende Recht selbst bei Vorliegen der genannten Indikation eine Abtreibung nur innerhalb einer Frist von zwölf Wochen seit der Empfängnis zuläßt.)

Aber nicht nur die allgemeine Notlagenindikation (jedenfalls so, wie sie praktiziert wird), sondern auch bereits die eugenische Indikation sowie die kriminologische Indikation sind mit dem oben entwickelten Grundgedanken für die Legitimation eines Schwangerschaftsabbruchs völlig unvereinbar. Denn es liegt auf der Hand, daß diese Indikationen, so wie sie definiert sind, keineswegs mit einer gravierenden Gesundheitsgefahr für die Schwangere verbunden sein müssen.

Fragen wir uns an dieser Stelle einmal, wie wir im Vergleichsfall die Rechte der Mutter gegenüber ihrem – bereits geborenen – Kind beurteilen würden. Ein Kleinkind ist sicher ohne Schutz und Hilfe ebensowenig überlebensfähig wie ein Fötus. Ja, die Opfer, die es von der Mutter fordert, sind in gewissem Sinne sogar größer als die Opfer, die ein Fötus fordert. Würden wir der

13 So § 218 a Strafgesetzbuch.

Mutter deshalb im Fall einer eugenischen Indikation, einer kriminologischen Indikation oder einer allgemeinen Notlagenindikation ein Tötungsrecht gegenüber ihrem Kind zubilligen?

Diese Frage ist zwar insofern eher von hypothetischer Bedeutung, als die Tötung eines Kindes jedenfalls in unserer heutigen Gesellschaft zur Lösung der Problemlage der Mutter kaum erforderlich wäre, da sie sich des ihr unerwünschten Kindes in den meisten Fällen durch Freigabe zur Adoption entledigen kann. Wie aber, wenn diese Möglichkeit nicht bestünde, sondern die einzige Alternative »jahrelange Verantwortung oder Tötung« hieße? Wir würden wohl kaum zögern, die Mutter in diesem Fall *keineswegs* aus ihrer Verantwortung zu entlassen.

Defensivnotstand und Tötung eines Menschen

Trotzdem werden manchem Leser die oben formulierten Kriterien für einen unter Notstandsgesichtspunkten gerechtfertigten Schwangerschaftsabbruch vielleicht doch als zu eng erscheinen. Wir wollen deshalb abschließend einen Fall betrachten, in dem jemandem durch einen *geborenen*, nicht verantwortbar handelnden Menschen eine Gefahr droht, um so diese Kriterien nochmals zu überprüfen.

Auf der Suche nach einem Beispiel fällt auf, daß solche Fälle im realen Leben offenbar selten sind. Das liegt vor allem daran, daß durch Menschen drohende Gefahren in aller Regel auf ein *verantwortbares* Verhalten dieser Menschen zurückgehen. (Beispiel: A greift den B im

Wirtshaus mit einem Messer an.) In einem derartigen Fall aber haben wir es, wie wir oben sahen, nicht mit einem »Notstand«, sondern mit einer »Notwehr« zu tun.

Die Unterscheidung zwischen Notwehr und Notstand (genauer: Defensivnotstand) ist nun aber keineswegs von bloß akademischem Interesse: Ganz anders als der im *Notstand* Handelnde darf der in *Notwehr* Handelnde das zur Abwehr Erforderliche prinzipiell auch dann tun, wenn zwischen dem von ihm *vernichteten* und dem ihm gehörenden *angegriffenen* Gut ein deutliches Mißverhältnis besteht, wenn also das vernichtete das angegriffene Gut wertmäßig durchaus wesentlich überwiegt.[14] (B darf im obigen Beispiel den A, sofern er sich anders nicht wehren kann, auch dann töten, wenn ihm durch den Messerangriff des A nur eine Verwundung droht.) Der Grund für diese Regelung ist: Der verantwortbar handelnde Angreifer kann seinen Angriff stets – wozu er ja auch verpflichtet ist – freiwillig abbrechen und dadurch die Abwehrreaktion des Angegriffenen überflüssig machen. Was jedoch den Fötus angeht, so ist er, wie schon gesagt, für sein Verhalten nicht verantwortlich zu machen. Die sehr weitgehenden Rechte einer *Notwehr*situation können der Schwangeren deshalb gegen ihn nicht zugebilligt werden.

Der folgende konstruierte Fall wäre ein Beispiel für einen *Defensivnotstand* gegenüber einem *geborenen* Menschen. Angenommen, der fünfjährige Nachbarssohn S ist in der letzten Zeit häufiger auf das Grundstück des T gekommen und hat mit seiner Wasserpistole

14 Vgl. § 32 Strafgesetzbuch.

42

auf T gezielt. Obschon T bei diesen Gelegenheiten jedesmal versucht hat, S auf harmlose Weise zu stoppen, hat S stets ohne Zögern abgedrückt und auch getroffen. Heute nun kommt S erneut und wiederholt seinen »Spaß« mit der geladenen Pistole seines Vaters, die er zufällig gefunden hat und offenbar als brauchbaren Ersatz für seine momentan nicht greifbare Wasserpistole betrachtet. Darf T dieser ernsthaften Gefährdung durch S auf die einzige hier wirksame Art, nämlich durch einen wahrscheinlich tödlichen Schuß aus seiner Pistole (die er aus anderen Gründen immer bei sich trägt) zuvorkommen?

Da S mit Rücksicht auf sein Alter nicht verantwortbar handelt, haben wir es hier mit einem Fall von Defensivnotstand zu tun. Ob T den S töten darf, hängt also von einer Gewichtung der betroffenen Güter ab. Und zwar entscheidet nach unseren obigen, aus § 228 Bürgerliches Gesetzbuch entnommenen Maßstäben die folgende Frage: Ist das vernichtete Gut *wesentlich höherwertig* als das bedrohte Gut?

Das kommt im vorliegenden Fall offenbar darauf an. Das vernichtete Gut ist sicher dann nicht wesentlich höherwertig, wenn S auf den Kopf des T zielt und somit das Leben des T bedroht; die betreffenden Güter sind hier gleichwertig. Also darf T sich unter dieser Voraussetzung verteidigen. Von einem wesentlich höheren Wert kann wohl auch dann nicht gesprochen werden, wenn S auf den Rumpf des T zielt; denn dann droht T zumindest eine gravierende Verletzung. Folglich darf T sich auch in dieser Konstellation verteidigen. Wie steht es aber, wenn S auf die Beine des T zielt? In diesem Fall wird man ein wesentliches *Un*gleichgewicht der betreffenden Güter annehmen müssen: Eine nicht übermäßig schwere Verletzung wiegt sicher nicht nur geringer, sondern *erheblich* geringer als der Tod. In dieser Konstellation darf T den S also nicht erschießen – selbst dann nicht, wenn, wie vorausgesetzt, die Tötung des S notwendig wäre, um dessen Angriff wirksam abzuwehren; T muß die Körperverletzung durch S hinnehmen. Dies würde natürlich erst recht gelten, wenn T seine Gefährdung durch S sogar in irgendeiner Weise schuldhaft mitverursacht hätte.

Soweit der hypothetische Fall und sein Ergebnis. Dieses Ergebnis läßt sich nicht nur, wie gesagt, aus dem jedenfalls in Deutschland geltenden Recht ableiten. Es dürfte darüber hinaus auch mit den wohlüberlegten moralischen Überzeugungen der meisten Leser übereinstimmen. Wenn diese Annahme richtig ist, dann besitzen wir damit eine unabhängige *Bestätigung* jenes Ergebnisses, zu dem wir oben im Fall des Notstands der Schwangeren gekommen sind: Eine Abtreibung kann unter Notstandsgesichtspunkten nur dann als gerechtfertigt gelten, wenn der Schwangeren durch ihre Schwangerschaft entweder eine Todesgefahr oder eine gravierende Gesundheitsgefahr droht. Unsere normativen Ergebnisse müssen in beiden Fällen ja deshalb dieselben sein, weil die faktischen Voraussetzungen in beiden Fällen dieselben sind: In beiden Fällen geht es um die Frage, inwieweit Abwehrmaßnahmen gegen das nicht verantwortbare, aber bedrohliche Verhalten eines menschlichen Individuums gerechtfertigt sind.

Das Leben des Fötus als Geschenk
der Schwangeren

Man könnte allerdings noch auf den Gedanken kommen, den folgenden Unterschied zwischen den beiden Fällen für ethisch relevant zu halten: Wenn T den S, der T mit der Pistole seines Vaters bedroht, tötet, so nimmt T dem S etwas (nämlich sein Leben), das S ohne jedes Zutun von T besitzt. Wenn eine Schwangere dagegen in einer vergleichbaren Notlage ihren Fötus tötet, so nimmt sie ihm etwas (sein Leben), das sie selbst ihm zuvor aus freien Stücken geschenkt hat. Darf die Schwangere dieses Geschenk, zu dem sie ja in keiner Weise verpflichtet war, nicht auch aus vergleichsweise geringfügigen Gründen wieder zurückziehen?

Diese Frage muß man verneinen. Es ist schon generell keineswegs selbstverständlich, daß man ein Geschenk, dessen Hingabe man nachträglich bedauert, wieder zurückverlangen kann. Warum sollte das gerade bei dem Geschenk des Lebens anders sein? Außerdem: Soll eine Frau mit dieser Begründung etwa auch ihr (bereits geborenes) Kind töten dürfen?

Man betrachte in diesem Zusammenhang auch folgenden Analogiefall. Nach einer Schiffskatastrophe auf hoher See rettet R von seiner Segelyacht aus eines von zehn ertrinkenden Kindern. Mehr als ein Kind hätte R unter keinen Umständen retten können; selbst dieses eine Kind konnte R nur unter Einsatz seines eigenen Lebens retten. Das bedeutet: Da R die Lebensgefahr für die Kinder ja nicht verursacht hatte, war er sicherlich nicht verpflichtet, sein eigenes Leben für das Leben eines der Kinder aufs Spiel zu setzen. Noch viel weniger kann man gerade dem Kind K, das R tatsächlich rettet, ein *Recht* auf Rettung durch R zusprechen. R hätte, ohne daß K sich im mindesten hätte beklagen können, ebensogut – und ebenso verdienstvoll – eines der anderen neun ertrinkenden Kinder retten können. Man kann also in doppelter Hinsicht sagen, daß R dem K das Leben *geschenkt* hat.

Nun nehmen wir weiter an, daß K dem R während der mehrtägigen Fahrt, die bis zum nächsten Hafen zurückzulegen ist, aus verschiedenen Gründen lästig wird. Darf R den K über Bord werfen – mit der Begründung, daß er ihm das Leben, das er ihm jetzt nimmt, ja zuvor aus freien Stücken selber geschenkt hat? Ich denke, wir würden eine Tötung des K durch R allenfalls unter der Voraussetzung für zulässig halten, daß diese Tötung – etwa deshalb, weil die Yacht nach einer Havarie nur noch eine Person tragen kann – zur Rettung des eigenen Lebens von R erforderlich ist. Offenbar müssen die Rechte des R gegenüber K ausschließlich auf der Basis der *aktuellen* Situation beurteilt werden: Ob R dem K zuvor freiwillig das Leben gerettet hat oder ob er ihn zu einer Vergnügungsfahrt an Bord genommen hat, ist ohne Relevanz.

Wenn das Leben und das Lebensrecht eines Individuums einmal vorhanden sind, dann sind die *Entstehungsbedingungen* dieses Lebens und dieses Lebensrechtes für die Frage nach den Voraussetzungen eines legitimen Entzugs des Lebensrechtes ohne Bedeutung. Aus der Tatsache, daß die Schwangere selbst es ist, der der Fötus sein Leben zu verdanken hat, lassen sich also für die Schwangere keine speziellen Abwehrrechte dem Fötus gegenüber herleiten.

Die einzige Möglichkeit, trotz allem im Fall der Abtreibung zu liberaleren Maßstäben für eine gerechtfertigte Tötung als in unserem Fall des Nachbarsohnes S zu gelangen, scheint darin zu liegen, dem Fötus zwar ein eigenständiges Recht auf Leben einzuräumen, dieses Lebensrecht des Fötus aber nicht auf eine Stufe zu stellen mit dem Lebensrecht eines geborenen Menschen, etwa eines Kindes. Wie erfolgversprechend ist eine solche Strategie?

Wir dürfen in diesem Zusammenhang nicht vergessen, daß unsere gegenwärtige Untersuchung unter der Prämisse steht, daß der Fötus deshalb ein Recht auf Leben hat, *weil er ein menschliches Individuum ist.* Ist es mit dieser Prämisse in irgendeiner Weise vereinbar, das Lebensrecht des Fötus mit dem Lebensrecht eines geborenen Menschen nicht auf eine Stufe zu stellen, sondern dem Fötus lediglich ein Lebensrecht zweiter Klasse, also minderer Güte zuzugestehen, von dem man dann mit einiger Plausibilität behaupten könnte, es müsse gegenüber auch weniger gravierenden Interessen der Schwangeren zurücktreten?

Man könnte dahingehend zu argumentieren versuchen, daß der Fötus zwar ein menschliches Individuum ist, aber ein noch *unvollständig entwickeltes* menschliches Individuum, dessen Lebensrecht – seinem frühen Entwicklungsstand entsprechend – relativ gering zu gewichten sei. Eine solche Argumentation liegt vermutlich den Einstellungen der meisten Verfechter unseres gegenwärtigen Abtreibungsrechtes zugrunde. (Man beachte in diesem Zusammenhang auch, daß nach geltendem Recht die Tötung eines Fötus im Vergleich zur Tötung eines geborenen Menschen ungleich milder sowie nur bei vorsätzlicher Begehung bestraft wird.[15] Sie ist sicher nicht völlig abwegig. Man sollte jedoch nicht übersehen, daß sie in deutlichem Widerspruch zu unseren sonstigen wohlüberlegten Urteilen im Bereich menschlichen Lebensschutzes steht.

Gewöhnlich stellen wir nämlich bei der Beurteilung, in welchem Maß menschliches Leben schutzwürdig bzw. die Tötung menschlichen Lebens verbotswürdig ist, *in keiner Weise* auf den Entwicklungsstand dieses menschlichen Lebens ab. Wir würden ja kaum auf den Gedanken kommen, generell etwa das Leben eines Kindes, das ja ebenfalls noch kein vollentwickelter Mensch ist, geringer zu gewichten als das Leben eines Erwachsenen. Wir würden sinnvollerweise eher im Gegenteil – sofern wir überhaupt eine vergleichende Gewichtung vornehmen würden – das Leben bzw. den Tod eines Kindes *stärker* ins Gewicht fallen lassen als das Leben bzw. den Tod eines alten Menschen: Das Kind hat noch ein längeres Leben vor sich als der alte Mensch; dem Kind wird durch seine Tötung also in einem gewissen Sinn mehr genommen.

Andererseits ist aber auch nicht einzusehen, wenn man bei der Frage des Lebensschutzes schon auf den *Entwicklungsstand* des betreffenden Menschen abstellen will, warum es lediglich die beiden Stadien »vor der Geburt« und »nach der Geburt« geben soll. Man könnte auch unter Gesichtspunkten der Praktikabilität etwa mindestens die folgenden *vier* Stadien unterscheiden:

15 Vgl. §§ 211 ff. Strafgesetzbuch.

1. von der Empfängnis bis zur Geburt; 2. von der Geburt bis zur Schulpflicht; 3. von der Schulpflicht bis zur Volljährigkeit; 4. von der Volljährigkeit bis zum Tod. Die Folge einer solchen Einteilung wäre dann ein in seiner Intensität vierfach *gestaffelter* Lebensschutz. Dementsprechend wäre beispielsweise in Stadium 2 ein stärkerer Lebensschutz zu gewähren als in Stadium 1, aber ein geringerer Lebensschutz als in den Stadien 3 und 4. Wenn man in diesem Zusammenhang noch bedenkt, daß ein Kleinkind gar nicht selten seine Mutter ungleich stärker belastet als ein Fötus, dann wäre folgerichtig zu fragen, warum bei einer schwerwiegenden Notlage der Mutter nicht auch die *Kindstötung* zugelassen werden sollte.

Derartige Überlegungen zeigen, daß die Gewichtung des Schutzwertes menschlichen Lebens nach seinem Entwicklungsstand, konsequent verfolgt, nicht nur ein radikales Umdenken in unserem moralischen und rechtlichen Umgang mit dem menschlichen Leben zur Folge hätte. Eine in solcher Weise relative Gewichtung scheint auch durch nichts begründbar zu sein. Im Rahmen einer *rational* abwägenden Wertschätzung des Lebens weist vielmehr das Argument der Lebens*länge*, wie schon gesagt, gerade in die entgegengesetzte Richtung. Deshalb kann es – unter der Voraussetzung eines Lebensrechtes aller menschlichen Individuen – nur als *reine Willkür* erscheinen, dem menschlichen Individuum gerade in seinem Stadium als Fötus bloß ein stark eingeschränktes Lebensrecht, ein Lebensrecht *zweiter Klasse* einzuräumen. So zu verfahren, wäre außerdem ein klarer Verstoß gegen das in unserer Staatsverfassung festgelegte Prinzip der Gleichbehandlung. Wir müssen nach alledem – unter der genannten Voraussetzung – an unseren oben entwickelten Maßstäben zur Verbotswürdigkeit der Abtreibung festhalten.

Notwendigkeit des Strafrechts

Schließlich sei im Zusammenhang mit der Konfliktlage der Schwangeren noch auf ein Argument eingegangen, das speziell für eine *strafrechtliche* Freigabe der Abtreibung nicht selten vorgebracht wird. Es lautet wie folgt: Zwar ist das Leben von Föten, weil sie als menschliche Individuen ein Recht auf Leben haben, durchaus schutzwürdig. Eine Abtreibung ist deshalb normalerweise auch *moralisch* zu verurteilen. Eine *Bestrafung* von Abtreibungen ist aber in der sozialen Realität kein geeignetes Mittel, um das Ziel eines wirksamen Lebensschutzes von Föten tatsächlich zu erreichen. Ein strafrechtliches Verbot der Abtreibung führt in der Praxis lediglich dazu, daß die abtreibungswilligen Frauen entweder bei Kurpfuschern oder im liberaleren Ausland Hilfe suchen. Im ersten Fall gefährden sie ihre Gesundheit, im zweiten Fall strapazieren sie ihren Geldbeutel oder müssen gar aus finanziellen Gründen auf die gewünschte Abtreibung ganz verzichten. Das Ergebnis ist – anstatt eines erhöhten Lebensschutzes für den Fötus – lediglich eine Ungleichbehandlung und potentielle Gefährdung der betroffenen Frauen: Die sozial Starken erreichen ihr Ziel ohnehin, die sozial Schwachen dagegen riskieren entweder Strafverfolgung und Krankheit oder müssen auf ihr Ziel verzichten.

Auch dieses Argument kann bei konsequenter Betrachtung einer kritischen Analyse nicht standhalten. Zunächst einmal ist die Annahme, daß eine Bestrafung der Abtreibung aus den genannten Gründen für den Fötus ohne Schutzwirkung bleiben müsse, falsch. Es ist durch nichts bewiesen und auch ganz unwahrscheinlich, daß die Schutzwirkung eines strafrechtlichen Abtreibungsverbots gleich *Null* ist. Das wäre ja nur dann der Fall, wenn tatsächlich *jede* abtreibungswillige Frau bei einem Abtreibungsverbot das Risiko bzw. die Kosten auf sich nehmen würde, zu einem Kurpfuscher oder ins Ausland auszuweichen.

Wenn aber der Fötus, weil er ein menschliches Individuum ist, Anspruch auf ein Lebensrecht hat und Schutz verdient, dann ist die Rettung auch nur eines einzigen Fötus ein Ziel, das die Strafwürdigkeit der Abtreibung rechtfertigen kann: Man stelle sich vor, jemand würde argumentieren, da nur so wenige *Vergewaltigungen* letzten Endes zur Bestrafung gelangten und da aus diesem wie aus anderen Gründen die Schutzwirkung des Straftatbestandes der Vergewaltigung äußerst gering sei, solle man diesen Straftatbestand doch lieber ganz abschaffen. Ein solches Argument würde mit Recht kaum Beifall finden. Dabei muß man noch bedenken, daß die sexuelle Selbstbestimmung, die bei der Vergewaltigung auf dem Spiel steht, sicher nicht den gleichen Wert wie das menschliche Leben besitzt.

Wer den Fötus als menschliches Individuum für schützenswert hält, sollte daraus den Schluß ziehen, der im Fall der Vergewaltigung aus der ungenügenden Schutzwirkung ihrer Strafbarkeit mit Recht häufig gezogen wird: Nicht die Strafbarkeit ist aufzuheben, sondern Verbrechensaufklärung und Verbrechensverfolgung sind zu verbessern. Das heißt, die polizeiliche Ermittlungstätigkeit muß intensiviert und eine möglichst lückenlose strafrechtliche Verfolgung gewährleistet werden. Außerdem wäre an eine Verschärfung der Strafen für Abtreibung zu denken, die, wie schon gesagt, im geltenden Recht hinter den Strafen für die Tötung *geborener* menschlicher Individuen weit zurückbleiben.

Geradezu grotesk mutet in diesem Zusammenhang das Argument gewisser »fortschrittlicher« politischer Zirkel an, das Leben des Fötus sei natürlich schützenswert, dieser Schutz aber sei bei der Schwangeren selbst am besten aufgehoben: Nicht der Staat, sondern die Schwangere könne am besten entscheiden, ob eine Abtreibung nach Lage der Dinge angezeigt sei.

Hier soll offenbar der Bock zum Gärtner gemacht werden. Ein Schutz *vor wem* steht denn für den Fötus überhaupt zur Debatte, wenn nicht ein Schutz vor der eigenen Mutter? Daß der Fötus *vor jedem Dritten* durch die Rechtsordnung geschützt werden muß, d. h. daß eine Abtreibung *ohne Einwilligung* der Schwangeren strafwürdig ist, ist ja so selbstverständlich, daß es von niemandem ernsthaft bestritten wird.

Auch der Hinweis auf die ohnehin bestehenden Abtreibungsmöglichkeiten im liberaleren Ausland ist verfehlt: *Wenn* der Fötus als menschliches Individuum Schutz verdient, dann kann die Tatsache, daß ihm dieser Schutz von anderen Staaten verweigert wird, keinen Grund darstellen, diesem schlechten Beispiel auch im eigenen Staat zu folgen. Man sollte vielmehr auf diese anderen Staaten soweit wie möglich einwirken, ihre illegitime Rechtspraxis zu ändern. Außerdem sollte man die Abtreibung seitens der eigenen Staatsangehörigen im Ausland unnachgiebig bestrafen. Oder wollen wir beispielsweise die Diskriminierung der Frau im Arbeitsleben deshalb bei uns einführen oder tolerieren, weil sie in einigen Nachbarländern üblich ist?

Was aber schließlich die privilegierte Position der Reichen in der Realisierung ihrer Abtreibungswünsche angeht, so ist diese zwar nicht zu leugnen. Eine derartige »Privilegierung« ist aus zahlreichen Gründen aber eine absolute Trivialität bei der Durchführung fast *sämtlicher* illegalen Handlungen! Wir haben es hier mit einem Gesichtspunkt zu tun, der zwar beim konkreten Strafmaß für den einzelnen Täter, nicht aber bei der generellen Strafwürdigkeit der betreffenden Handlungsweise Berücksichtigung verdient.

Soweit die Konsequenzen, die sich für die – sozialmoralische und strafrechtliche – Verbotswürdigkeit der Abtreibung ergeben, *wenn man der verbreiteten Meinung von der selbstverständlichen Verbotswürdigkeit der Tötung menschlicher Individuen folgt.*

Wenn der Fötus als menschliches Individuum ein eigenständiges Lebensrecht und einen diesem Lebensrecht entsprechenden Schutz verdient, dann ist tatsächlich jede nicht durch Notstand gerechtfertigte Abtreibung – rechtsethisch betrachtet – »Mord«. Und wer diesen »Mord« auch positivrechtlich entsprechend behandelt wissen möchte, »kriminalisiert« dadurch nicht etwa unschuldige Frauen, die lediglich ihr »Selbstbestimmungsrecht« ausüben, sondern verlangt, daß Frauen, die durch die Tötung eines menschlichen Individuums das schlimmste Unrecht unserer Rechtsordnung begehen und deshalb der Sache nach Kriminelle *sind*, auch als Kriminelle behandelt werden.

Daß diese in sich konsequente Sichtweise tatsächlich in unserer Gesellschaft nur von einer Minderheit vertreten wird, macht offenkundig, daß der Normalbürger sich ihre Prämisse im Grunde *nicht* zu eigen gemacht hat: Er ist im Grunde *nicht* der Auffassung, daß durch eine Abtreibung ein eigenständiges Lebensrecht verletzt wird, und hält deshalb im Grunde eine Abtreibung auch für *moralisch* vertretbar.

Gerade diese verbreitete *moralische* Einstellung ist es, die wesentlich dazu beiträgt, daß die staatliche Strafandrohung gegenüber der Abtreibung tatsächlich in unserer Gesellschaft *relativ* wirkungslos bleibt. Denn Sozialmoral und Strafrechtsordnung sind zwei Normenkomplexe, die einander in ihrer Wirksamkeit in der sozialen Realität wechselseitig stärken. Wer den Fötus als menschliches Individuum für schutzwürdig hält, muß deshalb gleicherweise Sozialmoral *und* Strafrecht für den tatsächlichen Schutz des Fötus zu mobilisieren suchen.

Daß all diese Konsequenzen in der öffentlichen Diskussion nur selten gezogen werden, braucht nicht zu verwundern: Wie häufig in der Politik bzw. Rechtspolitik werden auch in der Abtreibungsfrage die entscheidenden Grundpositionen so wenig konsequent zu Ende gedacht wie kritisch in Frage gestellt. Man kommt dem Andersdenkenden auf halbem Weg entgegen und macht sich nicht klar, daß nicht alle Kompromisse, die in der politischen Realität unverzichtbar sein mögen, auch als durchdachte Zielvorstellungen individueller Meinungsbildung einen Sinn ergeben. Diese Tendenz wird natürlich noch verstärkt, wenn man, was die eigentlichen, im Hintergrund stehenden *Kernfragen* betrifft, sogar in der eigenen Brust zwei Seelen verspürt und – ob bewußt oder unbewußt – nichts lieber tut, als einer Entscheidung dieser Kernfragen auszuweichen. Wer philosophisch denkt, d. h. den Dingen auf den Grund gehen möchte, kann sich mit einer solchen Einstellung nicht zufriedengeben.

3. Die Unhaltbarkeit des »Speziesismus«

Unter 2 sind wir von der weitverbreiteten Auffassung ausgegangen, daß allen menschlichen Individuen als solchen ein Lebensrecht einzuräumen ist. Da, wie unter 1 gezeigt, Föten ohne Zweifel menschliche Individuen sind, folgt aus dieser Auffassung, daß auch Föten ein Lebensrecht eingeräumt werden muß und daß ihre Tötung deshalb verbotswürdig ist. Wir sahen, daß diese Folgerung allein dann eine Einschränkung verdient, wenn der Schwangeren durch ihren Zustand, also durch den Fötus eine Lebensgefahr oder schwerwiegende Gesundheitsgefahr droht. Es kommt für die Verbotswürdigkeit der Abtreibung also entscheidend darauf an, ob die gängige Auffassung, wonach allen menschlichen Individuen ein Lebensrecht einzuräumen ist, tatsächlich begründet ist. Der Erörterung dieser Frage wollen wir uns nun zuwenden.[16]

16 Dabei geht es im vorliegenden wie in den folgenden Kapiteln durchgehend um die Frage der Einräumung eines Lebensrechtes *aus prinzipiellen Gründen*. Die Frage, ob einigen menschlichen Individuen, die nicht aus prinzipiellen Gründen ein Lebensrecht verdienen, trotzdem *aus pragmatischen Gründen* ein Lebensrecht einzuräumen ist, werden wir in

Nicht selten wird die Auffassung, daß jedem menschlichen Individuum ein Lebensrecht zusteht, für so fundamental und gleichzeitig selbstverständlich gehalten, daß sie weder begründet zu werden brauche noch durch irgendein Argument in Zweifel gezogen werden könne. Nach dieser Sichtweise widerlegt sich jede Form der Moral- oder Rechtsbegründung, die dazu führt, daß *irgendeine* Gruppe menschlicher Individuen vom Recht auf Leben ausgeschlossen wird, von selbst.

So verbreitet eine solche Sichtweise auch sein mag: Sie hält einer kritischen Betrachtung nicht stand. Das ihr zugrunde liegende Prinzip, wonach jedem menschlichen Individuum *per se* ein Lebensrecht zusteht, ist, vertreten als überpositive Norm, nicht nur starken Einwänden unter *erkenntnistheoretischem* Aspekt ausgesetzt.[17] Es ist darüber hinaus, wie wir nunmehr sehen werden, geradezu vernichtenden Einwänden unter *normativem* Aspekt ausgesetzt.

Das genannte Prinzip würde offensichtlich nur dann Zustimmung verdienen, wenn die *bloße* Zugehörigkeit zur biologischen Spezies *Homo sapiens*, die Zugehörigkeit zur menschlichen Spezies *als solche* ein ausreichender Grund für die Einräumung eines Lebensrechtes wäre.

Die bloße Zugehörigkeit zur menschlichen Spezies zur Grundlage für die Einräumung eines Lebensrechtes zu machen, ist jedoch nicht nur vollkommen willkürlich;

Kapitel 10 behandeln. (Zu der Unterscheidung zwischen prinzipiellen und pragmatischen Gründen ausführlich S. 128 ff.)
17 Vgl. oben S. 14 ff.

ein solches Vorgehen steht auch in eklatantem Widerspruch dazu, wie wir in sonstigen Fällen eine Zuschreibung von Rechten unter Bezugnahme auf biologische Merkmale beurteilen. Beide Punkte seien näher erläutert.

Warum ist es vollkommen willkürlich, die Einräumung eines Lebensrechtes an die *bloße* Zugehörigkeit zur biologischen Spezies *Homo sapiens* zu knüpfen? Dies ist deshalb vollkommen willkürlich, weil es vollkommen willkürlich ist, die Einräumung eines Lebensrechtes an die bloße Zugehörigkeit zu *irgendeiner* biologischen Kategorie zu knüpfen. Anders ausgedrückt: Die Anknüpfung eines Lebensrechtes an eine biologische Kategorie ist nur dann *nicht* willkürlich, wenn sich in der Sache liegende *Gründe* für sie anführen lassen. *Ohne* solche Gründe hängt die Anknüpfung eines Lebensrechtes an *jede* biologische Kategorie vollkommen in der Luft – die Anknüpfung an die biologische Kategorie »Mensch« nicht weniger als die Anknüpfung etwa an die biologische Kategorie »Affe«, »Hund« oder »Wirbeltier«.

Spezieszugehörigkeit und Ausgrenzung

Man muß in diesem Zusammenhang beachten, daß das menschliche Individuum ja keineswegs nur einer bestimmten biologischen *Spezies* (»Homo sapiens«), sondern darüber hinaus einer Reihe weiterer, allgemeinerer biologischer Kategorien – wie der biologischen *Ordnung* »Primat« und der biologischen *Klasse* »Säugetier« – angehört. Diese Tatsache übersehen diejenigen, die – im Sinne der Postulierung eines Lebensrechts für jedes menschliche Individuum – es ohne weiteres für illegitim erklären, irgendwelche Angehörige der eigenen Spezies (wie etwa Föten) bei der Einräumung eines Lebensrechtes auszugrenzen.[18] Denn sofern wir nicht absolut *jedem lebenden Wesen* ein Lebensrecht einräumen wollen, können wir in Wahrheit gar nicht anders, als Angehörige *irgendeiner* biologischen Kategorie, der wir auch selbst angehören, auszugrenzen! Wer etwa nur den Angehörigen der Spezies *Homo sapiens* ein Lebensrecht einräumt, grenzt damit automatisch all jene Angehörigen der Klasse *Säugetier* aus, die *nicht* der Spezies *Homo sapiens* angehören.

Sinnvollerweise kann die entscheidende Frage also gar nicht lauten: »Dürfen wir irgendwelche Individuen ausgrenzen?« Die entscheidende Frage muß vielmehr lauten: »*Nach welchem Kriterium* sollen wir Individuen ausgrenzen?« Selbst wenn es also so wäre (was keineswegs so ist), daß das gesuchte Kriterium eine biologische Kategorie sein könnte, so wäre von den Anhängern eines Lebensrechtes für jedes menschliche Individuum erst einmal zu begründen, warum diese Kategorie gerade die *Spezies* und nicht etwa eine der anderen, allgemeineren biologischen Kategorien sein soll.

Die Anknüpfung eines Lebensrechtes an die Kategorie *Homo sapiens* ist offenbar nur dann besser begründet als die Anknüpfung an eine beliebige andere biologische Kategorie, wenn gerade die Angehörigen der Spezies *Homo sapiens* über gewisse *Eigenschaften* verfügen, die

18 Siehe etwa Spaemann 1988, 30.

einen einsichtigen *Grund* für die Einräumung eines Lebensrechtes darstellen. Denn nur dann erfolgt die Anknüpfung des Lebensrechtes nicht an die *bloße* Zugehörigkeit zur Spezies *Homo sapiens*, sondern ist in der Sache gerechtfertigt.

Wir müssen, um weiterzukommen, also untersuchen, ob die Zugehörigkeit zur menschlichen Spezies tatsächlich mit irgendwelchen Eigenschaften verbunden ist, die einen Grund für die Einräumung eines Lebensrechtes darstellen. Wir werden in den folgenden Kapiteln sehen, daß als derartige Eigenschaften lediglich ganz bestimmte, für die menschliche Spezies typische *Interessen* in Betracht kommen. Bevor wir uns dieser Untersuchung zuwenden, möchte ich aber noch zeigen, daß die bloße, begründungslose Anknüpfung eines Lebensrechtes an die Spezies *Homo sapiens* nicht nur willkürlich ist, sondern daß sie auch in eklatantem Widerspruch dazu steht, wie wir *üblicherweise* in Moral und Recht die Anknüpfung von Normen an biologisch definierte Merkmale beurteilen.

Die Irrelevanz biologischer Merkmale

Die Spezies *Homo sapiens*, die biologische Kategorie »Mensch« ist ja durchaus noch weiterer Differenzierung nach biologischen Gesichtspunkten zugänglich. So kann man die Angehörigen dieser Spezies sowohl nach Rasse als auch nach Geschlecht weiter einteilen. Wie aber steht es mit der *Relevanz* dieser Einteilungsgesichtspunkte für die Begründung von Moral- und Rechtsnormen? Würden wir es für legitim halten, die *bloße* Zugehörigkeit zu einer bestimmten Rasse oder zu einem bestimmten Geschlecht, die Zugehörigkeit zu einer bestimmten Rasse oder zu einem bestimmten Geschlecht *als solche*, zum Anknüpfungspunkt einer moralischen oder rechtlichen Regelung zu machen? Offensichtlich nicht. Wir sind in unserer Gesellschaft vielmehr stolz darauf, die Frage etwa des politischen Wahlrechtes oder der Ausbildungschancen völlig ohne Ansehen der Rasse oder des Geschlechts zu regeln. Rassen- oder Geschlechtszugehörigkeit dürfen bei uns generell nur unter solchen Umständen eine Rolle spielen, unter denen die Rassen- oder Geschlechtszugehörigkeit mit einer *Eigenschaft* verbunden ist, die einen *sachlichen Grund* für eine differenzierende Behandlung darstellt. Das ist offenbar nur selten in eindeutiger Weise der Fall. (Man kann beispielsweise darüber streiten, inwieweit Frauen von Natur aus geeignet für bestimmte Formen des Wehrdienstes sind und deshalb insoweit einer Wehrpflicht unterliegen sollen.) Wir können uns jedoch der Argumentation halber leicht Gegebenheiten *vorstellen*, unter denen eine Differenzierung nach Rasse bzw. Geschlecht *ohne Zweifel* gerechtfertigt wäre.

Angenommen, die Zugehörigkeit zur schwarzen Rasse wäre von Natur aus mit einem maximalen Lebensalter von fünfzig Jahren und mit einem entsprechend frühzeitig einsetzenden Alterungsprozeß verbunden. Unter dieser Voraussetzung wäre eine unterschiedliche Regelung des Rentenalters bei schwarzen und weißen Arbeitnehmern sicherlich gut begründet. Oder angenommen, Frauen könnten von Natur aus in ihren intellektuellen Fähigkeiten selbst bei optimaler Förderung über das Niveau eines durchschnittlichen Sonderschülers nicht hinausgelangen. Unter dieser Voraussetzung wäre es sicher gut begründet, ihnen im Unterschied zu Männern jedenfalls kein passives Wahlrecht für wichtige politische Ämter einzuräumen.

Diese Beispiele zeigen deutlich: Eine unterschiedliche Behandlung nach Rasse oder Geschlecht ist zwar nicht von vornherein auszuschließen; sie bedarf jedoch, um als gerechtfertigt gelten zu können, des Vorliegens einer mit der Rassen- bzw. Geschlechtszugehörigkeit von Natur aus verbundenen *Eigenschaft*, die für die betreffende Ungleichbehandlung einen einsichtigen Grund darstellt. Es ist also ganz generell so, daß unsere moralische und rechtliche Behandlung irgendwelcher Individuen stets an sachlich relevanten *Eigenschaften* orientiert sein muß und *in keinem einzigen Fall* an das *bloße* Vorliegen *irgendeines* biologischen Merkmals anknüpfen darf.

Die Spezies ist ja nicht weniger ein biologisches Merkmal als die Rasse oder das Geschlecht. Und ganz entsprechend wie Rasse und Geschlecht (im Fall des Menschen) Untergliederungen der biologischen Spezies *Homo sapiens* sind, so ist die Spezies *Homo sapiens* ihrerseits, wie schon gesagt, eine Untergliederung der biologischen Ordnung *Primat* sowie der biologischen Klasse *Säugetier*.

Das aber bedeutet: Ebenso wie die Anknüpfung irgendeiner Regelung nicht an Rasse oder Geschlecht *als solche* erfolgen darf, so darf sie auch nicht an die Spezies *als solche* erfolgen. In beiden Fällen haben wir es gleicherweise mit der ungerechtfertigten Privilegierung bzw. Diskriminierung aufgrund der bloßen Zugehörigkeit zu einer biologisch definierten Kategorie zu tun. Allein *sachlich relevante Eigenschaften* können eine unterschiedliche Behandlung von Weißen und Schwarzen, von Männern und Frauen, von Menschen und nichtmenschlichen Primaten, von Primaten und Säugetieren, die nicht Primaten sind, rechtfertigen.

Um diesen Punkt schließlich an einem *realen* Beispiel nochmals zu verdeutlichen: Wir betrachten die Zugehörigkeit zur menschlichen Spezies als solche ja auch nicht als ausreichenden Grund etwa für die Einräumung des politischen Wahlrechts. Ja wir sind der Meinung, daß tatsächlich keineswegs alle, sondern nur diejenigen Angehörigen der menschlichen Spezies ein solches Wahlrecht erhalten sollen, die über die in diesem Zusammenhang relevanten *Eigenschaften* (nämlich über eine gewisse geistige und sittliche Reife) verfügen. Kinder etwa, die über diese Eigenschaften nicht verfügen, schließen wir vom Wahlrecht aus. Wenn es andererseits außer erwachsenen Menschen noch andere Wesen – etwa gewisse Primaten – geben *würde*, welche diese Eigenschaften besitzen, so müßten wir es prinzipiell für begründet halten, diese Wesen in die Einräumung des Wahlrechtes miteinzubeziehen.

Natürlich ist das politische Wahlrecht nicht dasselbe wie das Lebensrecht. Das Lebensrecht ist ungleich wichtiger. Darauf kommt es im vorliegenden Zusammenhang aber nicht an. Entscheidend ist vielmehr, daß *jede* moralische oder rechtliche Regelung durch in der (jeweiligen) Sache liegende Gründe anstatt durch die bloße Anknüpfung an biologische Merkmale gestützt werden muß. Daß die sachlich relevanten Gründe im Fall des Lebensrechtes andere sind als im Fall des Wahlrechtes und daß sich deshalb die Kreise der mit dem jeweiligen Recht auszustattenden Wesen in beiden Fällen nicht decken werden, versteht sich von selbst.

Ich betone noch einmal: Ich leugne an dieser Stelle keineswegs, daß es möglicherweise gute Gründe dafür gibt, tatsächlich gerade den Angehörigen (und zwar *allen* Angehörigen) der Spezies *Homo sapiens* ein Lebensrecht zu gewähren. Ich behaupte jedoch, daß dies nur dann der Fall sein kann, wenn die Angehörigen der Spezies *Homo sapiens* irgendwelche *Eigenschaften* besitzen, welche die Einräumung eines Lebensrechtes einsichtig machen. Die bloße Eigenschaft, der menschlichen Spezies anzugehören – die Zugehörigkeit zur menschlichen Spezies *als solche* –, ist kein ausreichender Grund.

Die für die Normierung eines Lebensrechtes für Föten ausschlaggebenden Fragen müssen also lauten: 1. Welche Eigenschaften lebender Wesen bilden einen sachlich relevanten Grund für die Einräumung eines Lebensrechtes? 2. Werden alle Angehörigen der menschlichen Spezies einschließlich der Föten von diesem Grund erfaßt? Diese beiden Fragen werden wir in den folgenden Kapiteln ausführlich erörtern.

Ob über die als relevant erkannten Eigenschaften nur einige, die meisten oder sämtliche Angehörigen der menschlichen Spezies verfügen und deshalb ein Lebensrecht verdienen, muß jedenfalls zunächst als offene Frage gelten, die wir erst dann entscheiden können, wenn wir die betreffenden Eigenschaften identifiziert haben.

Wer anders verfährt und die Einräumung eines Lebensrechtes an die Zugehörigkeit zur menschlichen Spezies
als solche knüpft, vertritt eine Position, die man treffend
als »Speziesismus« bezeichnet hat[19]: Nicht anders als
der Vertreter des »Rassismus« oder der Vertreter des
»Sexismus« macht der Vertreter des »Speziesismus« ein
biologisches Merkmal ohne weiteres zum Ausgangs-
punkt ethischer Konsequenzen.

Jeder, der im Einklang mit den herrschenden moralischen und rechtlichen Konventionen unserer heutigen
europäischen Gesellschaft zwar den »Rassismus« und
den »Sexismus« ablehnt, den »Speziesismus« jedoch für
eine intuitive Selbstverständlichkeit hält, sollte sich außer meinen obigen Argumenten noch folgendes vor
Augen halten: Jahrhundertelang wurden in derselben
europäischen Gesellschaft auch »Rassismus« und »Sexismus« für intuitive Selbstverständlichkeiten gehalten,
die ein »anständiger Mensch« nicht in Frage stellte.

Es gibt keinen guten Grund für die Unterstellung, daß
irgendeine Gesellschaft – sei es eine frühere oder sei es
unsere heutige Gesellschaft – das Maximum an Ratio-
nalität in ihren Institutionen und Normen verwirklicht
hat. Wer eine rationale Kritik tradierter Auffassungen
generell für legitim hält, darf auch die Auffassungen seiner eigenen Person oder Gesellschaft gegen Kritik nicht
immunisieren. Man braucht nicht unbedingt an einen
allgemeinen Fortschritt des Menschengeschlechtes zu
glauben, um trotzdem annehmen zu dürfen, daß der

19 Vgl. insbesondere Singer 1984, 70 ff.

heute noch weithin herrschende »Speziesismus« *eines Tages* selbst unter Juristen und Politikern keine bessere Presse finden wird als der »Rassismus« oder der »Sexismus« in den aufgeklärteren Regionen der *heutigen* Welt.

Der Begriff »Mensch«

Zum Schluß dieses Kapitels möchte ich noch auf eine im vorliegenden Zusammenhang zentrale *terminologische* Frage eingehen. Wie unter 1 ausgeführt, verwende ich die Ausdrücke »menschliches Individuum« und »menschliches Wesen« im Sinne von »Angehöriger der menschlichen Spezies«. Den Ausdruck »Mensch« habe ich in diesem Zusammenhang bisher bewußt vermieden. Welche Bedeutung sollen wir mit dem Ausdruck »Mensch« verbinden?

Auf den ersten Blick könnte man dazu neigen, »Mensch« und »menschliches Individuum« einfach gleichbedeutend zu verwenden. Ein solches Vorgehen hätte jedoch einen gravierenden Nachteil, der mit meiner vorangehenden Kritik am »Speziesismus« in engem Zusammenhang steht.

Ich habe in meiner Kritik am »Speziesismus« argumentiert, daß es zunächst als offene Frage gelten muß, ob allen *menschlichen Individuen* ein Lebensrecht zusteht oder nicht. Würde man nun »menschliches Individuum« und »Mensch« gleichbedeutend verwenden, so müßte es gleicherweise als offene Frage gelten, ob allen *Menschen* ein Lebensrecht zusteht oder nicht. Auf einen Menschen und auf ein menschliches Individuum würde ja *per definitionem* in jeder Beziehung das gleiche zutreffen.

Ein solcher Sprachgebrauch würde uns aber der Möglichkeit berauben, dem Ausdruck »Mensch« ausdrücklich eine Funktion zuzuweisen, für die er sich wie kein anderer Ausdruck unserer Normalsprache eignet, nämlich eine ganz spezifische deskriptiv-normative Doppelfunktion. Ich meine die Funktion, gerade jene menschlichen Individuen zu bezeichnen, von denen wir der Meinung sind, daß ihnen bestimmte typische »Menschenrechte« (wie das Lebensrecht) zustehen. Danach bringt jemand, der ein Wesen als »Mensch« bezeichnet, dadurch *gleichzeitig zweierlei* zum Ausdruck: erstens, daß er dieses Wesen für ein menschliches Individuum, also für einen Angehörigen der menschlichen Spezies hält; und zweitens, daß diesem menschlichen Individuum nach seiner Auffassung die betreffenden Rechte zustehen.[20]

In diesem Zusammenhang ist es aufschlußreich, in welcher Weise Befürworter und Gegner eines Abtreibungsverbots üblicherweise auf den *Fötus* Bezug nehmen. Während die Befürworter gewöhnlich vom Fötus als von einem »Menschen« (oder einem »Kind«) sprechen, weisen die Gegner gerade diese Redeweise oft vehement zurück. Dabei besteht zwischen den Parteien meist keinerlei Streit über die deskriptiven Eigenschaften des Fötus; Streit besteht allein über seinen normativen Status, also über die Behandlung, die dem Fötus zusteht. Die Befürworter eines Abtreibungsverbots

20 Und zwar gleichgültig, ob sie ihm aus prinzipiellen oder aus pragmatischen Gründen zustehen (vgl. oben S. 55, Fußnote 16).

bringen bereits durch ihre Wortwahl zum Ausdruck, daß sie dem Fötus ein Lebensrecht zusprechen, während die Gegner eines Abtreibungsverbots durch ihre Wortwahl zum Ausdruck bringen, daß sie eben dies nicht tun.

So gesehen, wird es leicht verständlich, warum der Streit, ob der Fötus ein »Mensch« ist oder nicht, gewöhnlich so fruchtlos verläuft: Keine Seite kann die andere überzeugen oder auch nur irgendwelche Tatsachen benennen, von denen die Entscheidung des Streits nach übereinstimmender Meinung abhängen soll. Trotzdem ist der Streit keineswegs ein bloßer Streit um Worte. Der Streit, ob der Fötus als Mensch bzw. Kind zu bezeichnen ist oder nicht, bringt vielmehr ganz deutlich eine *unterschiedliche Bewertung* zum Ausdruck.

Aus dieser Tatsache braucht man jedoch nicht die Konsequenz zu ziehen, der so verstandene Ausdruck »Mensch« sei in einem wissenschaftlich-rationalen Kontext unbrauchbar. Es erscheint nämlich durchaus als zweckmäßig, einen Ausdruck zur Verfügung zu haben, durch dessen Zuschreibung die Gesellschaft zum Ausdruck bringt, daß ein Lebewesen *sowohl* Angehöriger der menschlichen Spezies ist *als auch* die typischen Menschenrechte verdient. Allerdings darf man sich nicht der Illusion hingeben, die Bezeichnung eines bestimmten Wesens als »Mensch« könne erforderliche *Sachargumente* ersetzen.

Die Bezeichnung eines Individuums als »Mensch« ist nur dann sinnvoll, wenn über die damit zum Ausdruck gebrachte Bewertung entweder Einigkeit besteht oder wenn für diese Bewertung ausdrücklich argumentiert wird. Daß beispielsweise Zigeuner »Menschen« sind, bedarf in unserer heutigen Gesellschaft – jedenfalls in der Öffentlichkeit – keiner ausdrücklichen Argumente. Daß andererseits Föten »Menschen« sind, sollte in der gegenwärtigen Abtreibungsdebatte nur jemand geltend machen, *nachdem* er seine Sachargumente dafür, Föten ein Lebensrecht einzuräumen, im einzelnen vorgebracht hat. Und ganz entsprechend sollte jemand, der die Bezeichnung von Föten als »Menschen« ablehnt, *seine* Sachargumente *gegen* ein Lebensrecht von Föten vorher im einzelnen genannt haben. Wenn so verfahren wird, kann der jeweilige Kontrahent zu diesen Sachargumenten Stellung nehmen, und der Streit, ob der Fötus ein »Mensch« sei oder nicht, kann prinzipiell einen fruchtbaren Verlauf nehmen.

In diesem Licht betrachtet, erscheint im übrigen auch die Kontroverse, ob der Fötus als »Mensch« (bzw. als »jeder«) im Sinne der Art. 1 und 2 des Grundgesetzes für die Bundesrepublik Deutschland mit seinem Leben und seiner körperlichen Unversehrtheit unter dem Schutz der Verfassung steht oder nicht, ohne umfassende rechtsethische Argumentation nicht entscheidbar: Beide Lösungen sind mit der – insoweit eben unbestimmten – normalsprachlichen Bedeutung von »Mensch« (bzw. »jeder«) vereinbar. Daß das Bundesverfassungsgericht im Jahre 1975 in seinem Urteil zur »Fristenlösung« die genannte Frage bejaht hat, zeigt nicht mehr und nicht weniger, als daß die betreffenden Richter mehrheitlich der moralischen Überzeugung waren, der Fötus *verdiene* die Einräumung eines Lebensrechtes durch unsere Rechtsordnung.

Daß die Richter diese Überzeugung dadurch zum Ausdruck brachten, daß sie den Fötus im Sinne des Grundgesetzes als »Menschen« bezeichneten, versteht sich von ihrem Standpunkt aus von selbst und ist gewiß nicht tadelnswert. Zu bedauern ist jedoch, daß die Richter die von ihnen vollzogene ethische Wertung in ihrem Urteil nicht offen zugaben, sondern – wie so häufig in deutschen Gerichtsurteilen – hinter pseudoobjektiven Auslegungsmanövern zu kaschieren suchten.[21] Auf diese Weise sahen sie sich der Notwendigkeit einer offen geführten rechtsethischen Argumentation über das Lebensrecht des Fötus weitgehend enthoben. Die Folge davon war, daß das Urteil von vornherein ungeeignet war, die *Gegner* eines Abtreibungsverbots zu überzeugen, und daß es außerdem im Kontext einer explizit *ethischen* Untersuchung wie der vorliegenden kein näheres Interesse beanspruchen kann.

4. Überlebensinteresse und Personalität

Da die Einräumung eines Lebensrechtes, wie wir unter 3 sahen, nicht an die bloße Zugehörigkeit zur biologischen Spezies *Homo sapiens* anknüpfen kann, müssen wir nunmehr nach solchen Eigenschaften lebender Wesen Ausschau halten, die für die Einräumung eines Lebensrechtes als sachlich relevant gelten können. Im vorliegenden Kapitel werde ich eine Eigenschaft untersuchen, die für Wesen charakteristisch ist, die man in einem gewissen Sinn als »personale Wesen« oder »Personen« bezeichnen kann.
Wie ich in der Einleitung argumentiert habe, können in

21 Näher Hoerster 1989, 172 f.

letzter Instanz nur individuelle *Interessen* (Interessen von Individuen) die Ingeltungsetzung eines Tötungsverbots rechtfertigen. Dabei muß es sich, wenn das Tötungsverbot auf dem Weg über ein eigenständiges Lebensrecht der von ihm Geschützten begründet werden soll, um die Interessen der Geschützten selbst handeln. Welche Interessen der Geschützten selbst – also derjenigen, um deren Tötung es geht – kommen als Grund für die Einräumung eines Lebensrechtes in Betracht?

Nun, ein Lebewesen wird durch seine Tötung in seinen Interessen offenbar dann und nur dann verletzt, wenn es über ein Interesse verfügt, das gerade durch die Tötung verletzt werden kann, das heißt, wenn es über ein *Überlebensinteresse* verfügt.

Welche Lebewesen verfügen über ein Überlebensinteresse, bzw. unter welchen Voraussetzungen verfügen Lebewesen über ein Überlebensinteresse? Einige Leser werden vielleicht meinen, selbstverständlich verfüge *jedes* Lebewesen unter allen Umständen über ein Überlebensinteresse. Eine solche Annahme wäre jedoch mit den Voraussetzungen, unter denen wir sinnvollerweise jemandem ein *Interesse* zuschreiben können, vollkommen unvereinbar: Es trifft zwar trivialerweise zu, daß ein Lebewesen ohne Überleben nicht *gedeihen* kann. Das bedeutet aber nicht, daß man behaupten könnte, jedes Lebewesen habe ohne weiteres am eigenen Gedeihen (und insofern auch am eigenen Überleben) ein *Interesse*.

Pflanzen beispielsweise haben mit Sicherheit weder am eigenen Gedeihen noch am eigenen Überleben ein Interesse. Sie sind nämlich gar nicht in der Lage, an *irgend* etwas ein *Interesse* zu haben. Das liegt offenbar daran, daß Pflanzen mangels eines Bewußtseins nicht in der Lage sind, irgendwelche *Wünsche* zu haben. Nur ein Wesen, das über ein Bewußtsein verfügt und Wünsche hat, kann auch Interessen haben.[22]

»Wunsch« und »Interesse«

Wie hängen Wünsche und Interessen im einzelnen zusammen? Sicher wäre es nicht sinnvoll, die Begriffe »Wunsch« und »Interesse« einfach austauschbar zu verwenden. Nicht jeder Wunsch nach x beinhaltet ein Interesse an x, und nicht jedes Interesse an x beinhaltet einen Wunsch nach x. Das mögen die folgenden Beispiele zeigen. Wenn A den Wunsch hat, ein vor ihm stehendes Glas Wasser zu trinken, wobei er nicht weiß, daß das Wasser vergiftet ist, dann entspricht seinem Wunsch, das Wasser zu trinken, offensichtlich kein Interesse. Denn man darf davon ausgehen, daß A im auf-

---

22 Dagegen läßt sich nicht einwenden, die hier zugrunde gelegte Bedeutung des Schlüsselbegriffs »Interesse« sei von mir willkürlich festgelegt worden. Daß nur Wesen mit einem Bewußtsein als Träger von »Interessen« Anknüpfungspunkt der Ethik sein können, ergibt sich vielmehr aus dem von mir in der Einleitung vertretenen generellen Begründungsansatz, demgemäß als Nutznießer von Normen nur Wesen in Betracht kommen, die kraft ihres Bewußtseins diesen Nutzen prinzipiell auch subjektiv realisieren können. Würde man dagegen anders verfahren und das schützenswerte Interesse eines Individuums in völliger Unabhängigkeit von irgendwelchen Wünschen dieses Individuums definieren, so würde dies nur im Rahmen überpositiver, absolut geltender Normen einen Sinn ergeben.

geklärten Zustand diesen Wunsch nicht entwickeln würde. Wenn andererseits A den Wunsch hat, schnell und sicher von München nach Hamburg zu fliegen, dann hat er zwar zweifellos auch ein Interesse daran, daß gewisse Fluglotsen in München und Hamburg dem Piloten bestimmte Anweisungen erteilen. Das bedeutet aber nicht, daß A auch einen entsprechenden Wunsch haben müßte. Vielleicht weiß er nicht einmal, daß es so etwas wie Fluglotsen überhaupt gibt. Dafür, daß A trotzdem ein Interesse an den Anweisungen der Fluglotsen hat, reicht es aus, daß diese Anweisungen in einer bestimmten Relation zum Gegenstand von A's Wunsch stehen. Denn A würde im aufgeklärten Zustand den entsprechenden Wunsch entwickeln.

Aus dieser möglichen Diskrepanz zwischen Wunsch und Interesse darf man nicht den falschen Schluß ziehen, daß jemand ohne *jeden* Wunsch ein Interesse an etwas haben könnte. Um ein Interesse an x haben zu können, muß jemand vielmehr – sofern sein Interesse an x nicht unmittelbar auf einen Wunsch nach x zurückgeht – einen Wunsch haben, für dessen Verwirklichung x eine notwendige und geeignete Bedingung ist. (Bestimmte Anweisungen der zuständigen Fluglotsen sind eine notwendige und geeignete Bedingung dafür, daß A schnell und sicher per Flugzeug reisen kann.)

Im folgenden setzen wir stets, wenn von Wünschen als Basis von Interessen die Rede ist, der Einfachheit halber *aufgeklärte* Wünsche im oben bezeichneten Sinn voraus.

Was folgt daraus für die Möglichkeit der Zuschreibung eines *Überlebensinteresses*? – Sicher hat ein Wesen dann ein Überlebensinteresse, wenn es einen *Überlebenswunsch* hat, das heißt, wenn es einen Wunsch hat, der ausdrücklich auf sein eigenes Leben zu irgendeinem künftigen Zeitpunkt gerichtet ist. Ein Überlebenswunsch ist jedoch, wie wir aus dem Fluglotsenbeispiel gelernt haben, für die Zuschreibung eines Überlebensinteresses nicht *erforderlich*. Vielmehr hat auch dasjenige Wesen ein Interesse am Überleben, das einen Wunsch hat, für dessen Verwirklichung das eigene Überleben eine notwendige und geeignete Bedingung ist.

Nun zeichnet sich offenbar *jeder* Wunsch eines Wesens nach einem eigenen Erlebnis oder einer eigenen Erfahrung dadurch aus, daß das eigene Überleben für die Verwirklichung dieses Wunsches eine notwendige und (im Fall realistischer Wünsche) geeignete Bedingung ist. Wer also etwa den Wunsch hat, jetzt etwas zu trinken oder in einem Monat in Urlaub zu fahren, hat damit automatisch ein gewisses Überlebensinteresse. Ein ausdrücklicher *Wunsch nach Überleben* ist hierfür nicht Voraussetzung. Jedes Wesen, das überhaupt Wünsche hat, hat somit auch ein gewisses Überlebensinteresse.

Es ist in diesem Zusammenhang allerdings notwendig, zwischen *gegenwartsbezogenen* und *zukunftsbezogenen* Wünschen zu unterscheiden. Dabei sei unter einem gegenwartsbezogenen – im Unterschied zu einem zukunftsbezogenen – Wunsch der Wunsch verstanden, *möglichst sofort* (»jetzt«) ein bestimmtes Erlebnis zu haben. Ein gegenwartsbezogener Wunsch ist etwa mein momentaner Wunsch, *jetzt* etwas zu trinken, ein zukunftsbezogener Wunsch dagegen etwa mein momentaner Wunsch, in einem Monat in Urlaub zu fahren.[23] Eine solche Unterscheidung ist deshalb notwendig, weil die beiden Arten von Wünschen, wie wir im einzelnen noch sehen werden, ein Überlebensinteresse von sehr unterschiedlicher Bedeutung zur Folge haben.

Ich werde mich in diesem und im folgenden Kapitel auf die Erörterung eines Überlebensinteresses, das entweder auf einem *Überlebenswunsch* oder auf einem *zukunftsbezogenen* Wunsch beruht, beschränken und die Erörterung eines Überlebensinteresses, das auf einem *gegenwartsbezogenen* Wunsch beruht, in Kapitel 6 vornehmen.

Ichbewußtsein und Personalität

Von welchen Wesen kann man sagen, daß sie über ein Überlebensinteresse aufgrund eines Überlebenswunsches oder aufgrund eines zukunftsbezogenen Wunsches verfügen?

23 Im Zusammenhang mit einem Überlebensinteresse beschränkt sich unsere Betrachtung auf Wünsche nach einem *eigenen Erlebnis* des Wünschenden. Es gibt daneben natürlich auch (gegenwartsbezogene sowie zukunftsbezogene) Wünsche nach einem bestimmten *fremden* Erlebnis oder einfach Wünsche nach einem bestimmten *Weltzustand*. (So mag jemand etwa wünschen, daß seine ferne Geliebte jetzt an ihn denkt oder daß es auch in einhundert Jahren im Schwarzwald noch Bäume gibt.) Derartige Wünsche interessieren uns hier nicht, weil ihre Verwirklichung das eigene Überleben des Wünschenden offensichtlich nicht voraussetzt.

Daß ein Wesen den Wunsch nach eigenem Überleben oder den Wunsch nach irgendeinem eigenen künftigen Erlebnis haben kann, setzt offenbar voraus, daß dieses Wesen in seinem Empfinden nicht nur dem jeweiligen Augenblick verhaftet ist, sondern daß es das Bewußtsein seiner Identität im Zeitablauf besitzt, daß es einen Begriff von einem Ich oder Selbst hat, das im Zeitablauf identisch bleibt. Um etwa wünschen zu können, daß *ich* heute abend ein bestimmtes Konzert besuche, muß ich mir vorstellen können, daß einer der Konzertbesucher heute abend mit mir im jetzigen Augenblick *identisch* sein wird. Das wünschende Wesen muß also nicht nur ein je momentanes Bewußtsein besitzen, sondern es muß ein *Ich-* oder *Selbst*bewußtsein besitzen – mit der Folge, daß es sich selbst als *dasselbe* Wesen im Zeitablauf verstehen kann. Nur ein Wesen mit einem so verstandenen Ichbewußtsein kann zukunftsbezogene Wünsche und unter diesem Aspekt ein Überlebensinteresse haben.

Es bedarf keiner Argumente, um zu erkennen, daß jedenfalls normale erwachsene Menschen ein derartiges Ichbewußtsein *besitzen*, daß andererseits zum Beispiel niedere Tiere ein derartiges Ichbewußtsein *nicht* besitzen.

Ich werde im folgenden ein Wesen, das im erläuterten Sinn ein Ichbewußtsein besitzt, als *personales* Wesen oder *Person* bezeichnen. Ich erhebe dabei nicht den Anspruch, daß dieser Personbegriff sich mit dem Personbegriff der Normalsprache deckt. Der Personbegriff der Normalsprache ist vermutlich, soweit er überhaupt einigermaßen feste Konturen hat, reicher als der von mir eingeführte Personbegriff und umfaßt neben dem

Besitz eines Ichbewußtseins in dem erläuterten Sinn noch eine Reihe weiterer Komponenten. Im Rahmen der vorliegenden Untersuchung hat der Personbegriff lediglich eine der Abkürzung dienende technische Funktion. Man könnte auf ihn verzichten, ohne daß dadurch die Argumentation in der Sache im mindesten berührt würde.

Für die Einräumung eines Lebensrechtes gegenüber einem Wesen gibt es demnach jedenfalls dann einen guten Grund, wenn dieses Wesen eine Person ist und deshalb ein Überlebensinteresse hat.[24]

Überlebensinteresse und Bewußtlosigkeit

Zur Vermeidung von Mißverständnissen sei in diesem Zusammenhang ausdrücklich darauf hingewiesen, daß der hier vertretenen Begründung eines Lebensrechtes personaler Wesen keinerlei Schwierigkeiten aus der Tatsache erwachsen, daß solche Wesen gelegentlich schlafen oder bewußtlos sind. Personen müssen nach dieser Begründung nämlich ein *ununterbrochenes* Lebensrecht erhalten, das auch Perioden von Schlaf oder Bewußtlosigkeit umfaßt.

Wieso ist das der Fall, da doch schlafende oder bewußtlose Personen in ihrem Zustand anscheinend keine aktuellen Wünsche haben können? Zunächst einmal: Es

24 Der Einfachheit halber gehe ich hier wie im folgenden von der Annahme aus, daß Wesen, die Personen sind und somit ein Überlebensinteresse haben *können*, im Normalfall auch *tatsächlich*, weil sie über die relevanten Wünsche verfügen, ein Überlebensinteresse haben.

ist durchaus nicht selbstverständlich, daß man einem vorübergehend Schlafenden oder Bewußtlosen keine aktuellen Wünsche zuschreiben kann. Es steht offenbar viel eher im Einklang mit dem allgemeinen Sprachgebrauch, *anhaltende* Wünsche, Absichten, Pläne, Interessen und dergleichen einem Individuum selbst für jene Zeitspannen seines Lebens zuzuschreiben, in denen es die betreffenden Wünsche nicht *bewußt* hegt bzw. hegen kann. So würden wir ja durchaus sagen, daß jemand, der den Plan gefaßt hat, sich in einem Jahr ein Haus zu bauen, diesen Plan, sofern er ihn nicht inzwischen wieder aufgegeben hat, in diesem Zeitraum *ununterbrochen* »hat« – also auch in jenen Zeitspannen, in denen er schläft oder vielleicht, ohne an etwas anderes zu denken, Musik hört. Und ganz entsprechend würden wir etwa auch sagen, es »sei« im (gegenwärtigen) Interesse eines momentan bewußtlosen Unfallopfers, medizinisch versorgt zu werden.[25]

Dieser Befund unserer Normalsprache ist aber ethisch betrachtet nicht der entscheidende Gesichtspunkt. Ethisch ausschlaggebend ist vielmehr, daß in den hier angeführten Fällen das betreffende Interesse bereits *vor* der kritischen Zeitspanne existent war, und zwar in der Form existent war, daß es sich auf gewisse Ereignisse *innerhalb* bzw. *nach* dieser Zeitspanne ausdrücklich erstreckte.

Das wird besonders deutlich im Fall des zur Debatte stehenden Überlebensinteresses: Eine menschliche Person will normalerweise nicht nur überleben, bis sie das

---

25 Wir verwenden also die betreffenden Begriffe auch im Sinne von Dispositionen.

nächste Mal einschläft oder bei einem Unfall möglicherweise bewußtlos wird, sondern über diese Zeitpunkte sowie über die Zeitspannen, die von diesen Zeitpunkten eingeleitet werden, hinaus. Daß ein Wunsch oder ein Interesse aber zu jenem Zeitpunkt, zu dem der Wunsch bzw. das Interesse mißachtet und im Widerspruch zu diesem Wunsch bzw. Interesse gehandelt werden kann, noch *in bewußter Form* präsent ist, ist keineswegs erforderlich.

Ja, Personen können sogar ein Interesse – und zwar ein durchaus schützenswertes Interesse – an Ereignissen haben, die nach ihrer eigenen Vorstellung erst eintreten können, nachdem ihr Interesse selbst in *jeder* Form vergangen ist. So können Personen etwa daran interessiert sein, daß *nach ihrem Tod* ihr Andenken nicht verunglimpft oder ihr Vermögen einer von ihnen zuvor gutgeheißenen Sache zugeführt wird. Erst recht aber können (und werden) Personen ein Interesse daran haben, daß sie in Zukunft nicht nur im wachen, sondern auch im schlafenden oder bewußtlosen Zustand nicht getötet werden.

Es wäre ein gravierendes Mißverständnis der von mir vertretenen Position, ihre Begründung für ein Lebensrecht allein darin zu erblicken, daß einem Wesen eine ihm – zum Zeitpunkt der Verletzung – *bewußte* Interessenverletzung bzw. ein (physischer oder psychischer) *Schmerz* zugefügt wird.[26] Eine solche Position hätte in

26 So aber Spaemann (1989, 126), der jede interessenorientierte Ethik dadurch zu diskreditieren sucht, daß er sie mit einer hedonistischen Wertlehre gleichsetzt. In Wahrheit wird gerade derjenige, der an die faktischen Interessen bzw. Wünsche der Menschen anknüpft, davon ausgehen, daß es neben

der Tat merkwürdige Konsequenzen: Nicht nur die Tötung eines Schlafenden, sondern etwa auch die plötzliche Tötung eines völlig Arglosen wäre dann zulässig!

5. Der Fötus als Person?

Welche Wesen aber sind in dem im vorigen Kapitel bezeichneten Sinn des Wortes Personen? Sind insbesondere Föten Personen? Wie schon gesagt, sind erwachsene Menschen ohne Zweifel Personen. Aber auch Jugendliche und ältere Kinder sind ohne Zweifel bereits Personen. Sie alle verfügen ja über eine *Vielzahl* zukunftsbezogener Wünsche. Ihnen allen ist deshalb ohne Zweifel ein Lebensrecht einzuräumen. Wann aber beginnt das menschliche Individuum im Lauf seiner Entwicklung Person zu werden?

Der Entwicklungsstand des Fötus

Diese Frage läßt sich nicht präzise beantworten. Die Personwerdung des menschlichen Individuums ist – nicht anders als seine gesamte physische und psychische Entwicklung – ein kontinuierlicher Prozeß. Zum Glück sind wir für unsere gegenwärtige Fragestellung, ob Föten unter dem Gesichtspunkt der Personalität ein Lebensrecht zusteht, auf eine präzise Antwort aber auch nicht angewiesen. Denn mit Sicherheit sind selbst beim

»Vergnügen« oder »Lust« tatsächlich eine Vielzahl weiterer Dinge gibt, die Menschen erstreben.

Neugeborenen noch keinerlei Anzeichen von Personalität erkennbar.

Dies zeigt nicht nur jede Alltagserfahrung. Es gibt auch keine *wissenschaftlichen* Hinweise darauf, daß das Neugeborene bereits so etwas wie ein Ichbewußtsein – sei es auch nur in rudimentärer Form – besäße. Nicht nur im *Verhalten* des Neugeborenen gibt es keine Indizien, die den psychologischen Schluß auf das Vorhandensein eines Ichbewußtseins zuließen; es fehlen beim Neugeborenen auch noch die hierfür erforderlichen neurophysiologischen Voraussetzungen.[27] Die Wissenschaft bestätigt insofern die Alltagserfahrung, die jeder unbefangene Betrachter im Umgang mit Neugeborenen macht: Das Neugeborene erfährt sich noch nicht als im Zeitablauf identisches Subjekt.

Was nun aber den Fötus betrifft, der natürlich nicht so einfach wie das Neugeborene beobachtbar ist, so kann er nach allem, was wir wissen, dem Neugeborenen in seiner Entwicklung jedenfalls nicht *voraus* sein. Also hat auch der Fötus noch kein Ichbewußtsein. Der Prozeß der Personwerdung ist ein Prozeß, der offenkundig erst irgendwann *nach* der Geburt einsetzt.[28]

Die zwingende Folge davon ist: Der Fötus kann jedenfalls *unter dem Gesichtspunkt der Personalität* kein Lebensrecht beanspruchen.[29]

---

27 So in beiden Punkten aufgrund sorgfältiger Verwertung der vorliegenden wissenschaftlichen Erkenntnisse und mit ausführlicher Begründung Tooley 1983, 357 ff.

28 Zu der Frage, welche Konsequenzen sich aus dieser Tatsache für ein Lebensrecht von Kleinstkindern ergeben, siehe unter 10.

29 Es erscheint deshalb auch unsinnig, Föten ein Lebensrecht

Vielleicht wird mancher Leser bereits gegen dieses Teil-
ergebnis meiner Untersuchung eine starke Abneigung
verspüren. Ich will einige Erwägungen nennen, auf die
eine solche Abneigung nicht selten gestützt wird, und
zeigen, wie wenig stichhaltig diese Erwägungen bei kri-
tischer Betrachtung sind.

Der Fötus als »Mensch«

In einer 1987 vom Bundesministerium der Bundesrepublik Deutschland für Jugend, Familie, Frauen und Gesundheit herausgegebenen und weit verbreiteten Bro-
schüre mit dem Titel *Das Leben vor der Geburt* schreibt
die damalige Bundesministerin Rita Süssmuth: »Es
wird heute ernsthaft nicht mehr bestritten, daß auch
vorgeburtliches Leben personales menschliches Leben
ist. Mensch wird man also nicht erst mit der Geburt.«[30]
Steht diese Aussage, wonach bereits der Fötus ein personales Wesen und ein Mensch ist, nicht in deutlichem
Widerspruch zu meinen obigen Ausführungen?

mit Beginn ihres *Hirnlebens* zuzusprechen und dies so zu
begründen, daß wir menschlichen Wesen ein Lebensrecht ja
auch bis zum *Ende* ihres Hirnlebens zusprechen: Als ob es
nicht menschliches Hirnleben mit und menschliches Hirnleben ohne Personalität gäbe! Menschliches Hirnleben *als solches* ist für die Einräumung eines Lebensrechtes genauso irrelevant wie menschliche Spezieszugehörigkeit. Die auf
menschliches Hirnleben abstellende Argumentation von Sass
(1989) ist geradezu ein Paradebeispiel für die in der Abtreibungsdiskussion häufig anzutreffende Kombination eines
Maximums an embryologischen Daten mit einem Minimum
an ethischer Relevanz. Man vergleiche im übrigen S. 141 f.
30 Hierfür und für das folgende Zitat Süssmuth 1987.

Das ist tatsächlich der Fall – und zwar in mehrfacher Hinsicht. Zunächst einmal scheint Süssmuth in der zitierten Passage einen ganz anderen *Begriff* der Person als den von mir verwendeten zugrunde zu legen. Süssmuth verwendet offenbar »Person« (bzw. »personal«) einfach als *gleichbedeutend* mit »Mensch«, »Mensch« jedoch wiederum als *gleichbedeutend* mit »menschliches Wesen« (im Sinne von »Angehöriger der biologischen Spezies *Homo sapiens*«). Wenn man diese Begriffsverwendungen von »Person« bzw. »Mensch« zugrunde legt, dann handelt es sich bei den verschiedenen Entwicklungsstadien des Fötus in der Tat, wie Süssmuth behauptet, um »personales menschliches Leben«.

Etwas ganz anderes ergibt sich jedoch, wenn man, wie ich es tue, *andere* Begriffsverwendungen von »Person« und »Mensch« zugrunde legt.[31] Es ist also keineswegs so, daß man den Fötus als Person oder Mensch bezeichnen *muß*. Und es ist erst recht nicht so, wie die Politikerin in diesem Zusammenhang glauben machen will, daß eine solche Bezeichnung eine zwingende Folge jener modernen wissenschaftlichen Erkenntnis ist, wonach es sich bei den verschiedenen Stadien fötalen Lebens keineswegs um bloß, wie sie schreibt, »vormenschliche Entwicklungsstufen« handelt, »vergleichbar einem Zellklumpen, einem Fisch oder einem Lurch«. Aus diesem Befund der modernen Wissenschaft *als solchem* ergibt sich in Wahrheit lediglich, wie ich unter 1 selber geltend gemacht habe, die Tatsache, daß der Fötus ein eigenständiger Angehöriger der menschlichen Spezies ist.

31 Vgl. oben S. 75 f. bzw. S. 65 f.

Wer wie Süssmuth der Meinung ist, daß allein diese Tatsache bereits einen ausreichenden Grund für die Einräumung eines Lebensrechtes darstellt, für den besteht
von *seinem* Standpunkt aus zwar ein guter Grund, den
Fötus jedenfalls als »Mensch« zu bezeichnen. Der entscheidende Punkt ist jedoch, daß eine solche Begriffs-
verwendung – sei es mit oder ohne Hinzuziehung wis-
senschaftlicher Fakten – keinesfalls die ethische Argumentation ersetzen kann: Weder folgt hier wie sonstwo
aus Fakten und Begriffsfestsetzungen allein schon die
gewünschte (oder irgendeine) normative Konklusion;
noch kann man im vorliegenden Fall, wie ich unter 3
ausführlich argumentiert habe, ein normatives Prinzip,
wonach jeder Angehörige der menschlichen Spezies
ohne weiteres ein Lebensrecht verdient, als selbstverständlich voraussetzen.

Wer wie Süssmuth den Fötus einfach als »Mensch« oder
gar als »Person« bezeichnet, unternimmt es, sich beim
unkritischen Leser die Schutzwürdigkeit des Fötus,
ohne sie zu begründen, zu erschleichen. Denn wer
würde im Ergebnis schon bezweifeln wollen, daß
»Menschen« und »Personen« im *Normalsinn* der Worte
natürlich ein Lebensrecht zusteht? Eine *Begründung*
dafür, daß *jedem* Angehörigen der menschlichen Spezies – jeder »Person« in *ihrem* Sinn des Wortes – ein
Lebensrecht zusteht, gibt Süssmuth aber nicht einmal
ansatzweise.

Aber noch aus einem weiteren Grund ist es irreführend, jedes menschliche Wesen oder Individuum (d. h. jeden Angehörigen der menschlichen Spezies) ohne weiteres als »Mensch« oder gar als »Person« zu bezeichnen. Dieser Grund ist der folgende.

Wir wissen, daß die Entwicklung des menschlichen Wesens von der Empfängnis bis zum Tode ein kontinuierlicher Prozeß ist. Aber nicht nur das *menschliche* Wesen, sondern auch das *personale* Wesen (also das Wesen mit Ichbewußtsein) entwickelt sich offenbar kontinuierlich: Die hier relevanten Eigenschaften tauchen in rudimentärer Form erstmals beim Kleinstkind auf, um in der Folgezeit eine allmählich immer deutlichere Gestalt anzunehmen.

Wer nun die Begriffe »menschliches Wesen«, »Mensch« und »Person« unterschiedslos verwendet, erzeugt leicht die Vorstellung, daß jene Entwicklungen, die, wie gesagt, sowohl das menschliche Wesen wie auch die Person jeweils in kontinuierlicher Form durchmachen, sich *zeitlich vollkommen decken* – mit der Folge, daß der Fötus nicht nur ein sich entwickelndes menschliches Wesen, sondern eben auch eine sich entwickelnde Person wäre. Das ist aber in Wahrheit nur dann der Fall, wenn man wie Süssmuth »menschliches Wesen« und »Person« einfach in ihrer Bedeutung gleichsetzt.

Wenn man jedoch unter einer Person, wie ich es vorgeschlagen habe, ein Wesen zumindest mit Ichbewußtsein versteht, so decken sich die beiden Entwicklungen, obschon beide kontinuierlicher Natur, keineswegs vollkommen. Das menschliche Wesen beginnt vielmehr erst irgendwann im Stadium des Kleinstkindes allmählich Person zu werden. Und eben dieses unbestreitbare *Faktum* verliert man leicht aus dem Blick, wenn man menschliche Wesen und Personen begrifflich nicht unterscheidet.

Man darf sich in diesem Zusammenhang auch nicht durch die Tatsache verwirren lassen, daß die menschliche Person nicht aus dem Nichts in die Welt tritt, sondern sich im Kindesalter aus einem Wesen entwickelt, das schon zuvor ein *menschliches Wesen* (nämlich ein Kleinstkind bzw. Fötus) war. Natürlich ist dieses Wesen nicht etwa – nur deshalb, weil es keine Person ist – zunächst eine Art von Tier, das sich auf mysteriöse Weise plötzlich in eine menschliche Person verwandelt. Dieses Wesen ist vielmehr von Anfang an ein Angehöriger einer ganz bestimmten biologischen Spezies (der Spezies *Homo sapiens*), der bereits *anlagemäßig* die Entwicklungsmöglichkeit zur menschlichen Person in sich trägt. Man kann dieses Wesen, also den menschlichen Fötus, insofern durchaus zutreffend – in Unterscheidung von einer *aktuellen* Person – als *potentielle* Person oder als *vorpersonales* Wesen bezeichnen.[32]

Es ist auch ohne Zweifel richtig, daß man den Zeitpunkt, zu dem das menschliche Individuum vom vorpersonalen zum personalen Wesen wird, zu dem es die ersten Spuren von Personalität an den Tag legt, nicht *genau* angeben kann. (Dieser Zeitpunkt mag sogar bei verschiedenen Individuen bis zu einem gewissen Grade

---

32 Die Frage, ob es Gründe gibt, außer personalen Wesen auch vorpersonalen Wesen ein Lebensrecht einzuräumen, wird uns unter 7 im einzelnen beschäftigen.

variieren.) Daraus darf man jedoch nicht den Fehl-
schluß ziehen, es gebe *gar keine* Zeitpunkte oder Zeitspannen in der Entwicklung des menschlichen Individuums, von denen man behaupten kann, daß sie mit Sicherheit in die vorpersonale bzw. in die personale Lebensphase fallen. Genauso sicher wie jedenfalls ein
fünfzehnjähriger Jugendlicher eine Person ist, ist jedenfalls ein Fötus oder ein Neugeborenes keine Person.
An unserem Zwischenergebnis, daß Föten unter dem
Gesichtspunkt aktueller Personalität kein Lebensrecht
beanspruchen können, geht nach alledem kein Weg
vorbei. Das gilt jedenfalls dann, wenn unter Personen
Wesen verstanden werden, die (zumindest) ein Ichbewußtsein haben und somit als Träger zukunftsbezogener Wünsche in Frage kommen. Wer andererseits (wie
Süssmuth) Föten einfach deshalb als schützenswerte
Personen einstuft, weil er den Begriff »Person« gleichbedeutend mit »Angehöriger der menschlichen Spezies« verwendet, der verzichtet damit auf jede ethische
Argumentation und bleibt bei der von mir unter 3 als
»speziesistisch« kritisierten Position stehen.

Der Fötus im Vergleich zum Tier

Am Rande sei darauf hingewiesen, daß zwar nicht der
neugeborene Mensch, wohl aber die ausgewachsenen
Vertreter einiger höherer Tierarten in ihrem Verhalten
deutliche Anzeichen aktueller Personalität manifestie-
ren. Ob diese Anzeichen allerdings ausreichen, um den
betreffenden Tieren in der Praxis auch ein Lebensrecht
zuzusprechen, erscheint fraglich. Wir können diese

Frage der Tierethik hier nicht weiterverfolgen.[33] Jedenfalls wäre es in höchstem Maße willkürlich, unter dem Gesichtspunkt aktueller Eigenschaften dem menschlichen Fötus Rechte einzuräumen, die man den betreffenden Tieren vorenthält.

Man sollte in diesem Zusammenhang generell die Tatsache nicht verdrängen, daß die Vertreter zahlreicher höherer Tierarten im ausgewachsenen Zustand ganz allgemein über ein ungleich größeres Maß an emotionalen und intellektuellen bzw. quasi-intellektuellen Fähigkeiten verfügen als der neugeborene Mensch. Jeder Halter eines Hundes oder einer Katze wird diese Tatsache aus eigener Erfahrung bestätigen müssen. Diesen Vergleich zwischen Fötus und Tier zu ziehen, hat nichts mit jener in der Tat überholten embryologischen Annahme zu tun, wonach der menschliche Fötus »einem Zellklumpen, einem Fisch oder einem Lurch« vergleichbar ist[34]: Der menschliche Fötus ist weder seiner *Anlage* noch seiner *Morphologie* nach in *irgendeinem* Stadium seiner Entwicklung etwa einem Lurch vergleichbar. Das schließt aber keineswegs die Feststellung aus, daß der menschliche Fötus *in seinen aktuellen Fähigkeiten* im Frühstadium seiner Entwicklung etwa hinter einem Lurch und selbst im Spätstadium seiner Entwicklung etwa hinter einem Hund oder einer Katze – nach allem, was wir wissen – deutlich zurücksteht.

Privilegien des Fötus gegenüber der Tierwelt in puncto Lebensschutz lassen sich somit auf dem Hintergrund eines Lebensrechtes personaler Wesen – jedenfalls in

33 Näher etwa Singer 1984, Kapitel 5.
34 Siehe oben S. 82.

prinzipieller Hinsicht[35] – nicht begründen. Zu untersuchen bleibt, ob der Fötus im Unterschied zum Tier nicht vielleicht mit Rücksicht auf seinen Status als *potentiell* personales Wesen Lebensschutz verdient.

Bevor wir diese Untersuchung (in den Kapiteln 7 und 8) in Angriff nehmen, müssen wir jedoch noch der Frage nachgehen, ob nicht außer personalen Wesen auch nicht-personale, aber *empfindungsfähige* Wesen ein gewisses Überlebensinteresse haben. Unter diesem Gesichtspunkt könnte *sowohl* dem Fötus *als auch* zahlreichen Tieren ein Lebensrecht zustehen.

6. Überlebensinteresse empfindungsfähiger Wesen?

Wir haben unter 4 zwischen gegenwartsbezogenen und zukunftsbezogenen Wünschen unterschieden und gesehen, daß zukunftsbezogene Wünsche zwar zu einem Recht auf Überleben führen, daß aber nur personale Wesen – also nicht Föten – solcher Wünsche fähig sind. Wir wollen uns nun gegenwartsbezogenen Wünschen, wie sie neben personalen Wesen auch bloß empfindungsfähige Wesen haben können, zuwenden und uns nach den Konsequenzen *derartiger* Wünsche für die Einräumung eines Lebensrechtes bzw. Lebensschutzes fragen.

35 Unter 10 werden wir ein *pragmatisches* Argument kennenlernen, wonach auch gewisse nicht-personale Wesen deshalb, weil sie der menschlichen Spezies angehören, ein Lebensrecht verdienen. Wie wir im einzelnen sehen werden, trifft jedoch auch dieses Argument auf Föten *nicht* zu.

Wir sahen schon, daß auch gegenwartsbezogene Wünsche jedenfalls ein *gewisses* Überlebensinteresse zur Folge haben. Wenn ich etwa den Wunsch habe, *jetzt*, d. h. möglichst sofort etwas zu trinken oder Schallplattenmusik zu hören, dann habe ich damit automatisch ein Interesse, zumindest so lange zu leben, bis dieser Wunsch Erfüllung gefunden hat.

Ist ein derartiges, auf einem gegenwartsbezogenen Wunsch basierendes Überlebensinteresse jedoch geeignet, ein Lebensrecht zu begründen?

Geringfügiges Überlebensinteresse

Zunächst einmal wollen wir uns fragen, wie *gewichtig* ein solches Überlebensinteresse sein kann. Diese Frage ist im Prinzip nicht schwer zu beantworten: Da dieses Überlebensinteresse nur als Mittel zur Erfüllung etwa meines Wunsches, jetzt Musik zu hören, vorhanden ist, kann ihm jedenfalls nicht mehr Gewicht als diesem Wunsch selbst beigemessen werden. Im vorliegenden Beispiel ist dieses Gewicht unter normalen Bedingungen kaum sehr groß. Wenn im selben Raum, in dem ich Musik hören möchte, sich gleichzeitig mehrere Mitmenschen unterhalten möchten, so dürfte mein Musikwunsch gegenüber diesem Wunsch vermutlich das geringere Gewicht haben. Das bedeutet aber, daß auch mein auf dem Musikwunsch basierendes *Überlebensinteresse* gegenüber diesem Wunsch das geringere Gewicht hat. An diesem Ergebnis geht kein Weg vorbei.

Man darf aus diesem Ergebnis natürlich nicht den falschen Schluß ziehen, daß mein Überlebensinteresse *schlechthin* nicht gewichtiger als der genannte Wunsch meiner Mitmenschen ist. Als personales Wesen habe ich nämlich außer gegenwartsbezogenen Wünschen nicht nur einen sehr starken Überlebenswunsch, sondern außerdem auch eine Vielzahl von konkreten zukunftsbezogenen Wünschen, von denen zudem einige weit in die Zukunft reichen und von großem Gewicht sind. Diese Wünsche und nicht die gegenwartsbezogenen Wünsche eines personalen Wesens sind es, die wesentlich das Überlebensinteresse dieses personalen Wesens ausmachen.

Dies wird unter anderem dann sehr deutlich, wenn ein personales Wesen mit seinem kurz bevorstehenden Tod konfrontiert wird: Es bedauert gewöhnlich kaum, daß ihm seine *momentane* Tätigkeit oder Befriedigung abgekürzt wird, aber um so mehr, daß ihm seine *gesamte Zukunft* mit einer enormen Vielzahl von Tätigkeiten und Befriedigungen genommen wird.[36] Insofern wird man bei der Bewertung des Überlebensinteresses personaler Wesen ganz generell die gegenwartsbezogenen Wünsche dieser Wesen als marginal außer Betracht lassen dürfen.

Anders ist die Lage jedoch bei nicht-personalen, aber empfindungsfähigen Wesen, die, sofern sie überhaupt Wünsche haben, mangels eines Ichbewußtseins *nur* gegenwartsbezogene Wünsche haben. Zu diesen Wesen

36 In diesem Zusammenhang ist auch zu bedenken, daß ein personales Wesen nicht nur inhaltlich mehr oder weniger bestimmte zukunftsbezogene Wünsche, sondern häufig auch den generellen zukunftsbezogenen Wunsch (zweiter Stufe) hat, daß seine ihm momentan noch unbekannten, erst später entstehenden einzelnen Wünsche in Erfüllung gehen.

aber gehören die allermeisten höheren Tiere sowie – jedenfalls im Spätstadium seiner Entwicklung – der Fötus.[37]

Man kann vielleicht darüber streiten, ob man einigen dieser Tiere und dem Fötus als empfindungsfähigen Wesen tatsächlich gegenwartsbezogene Wünsche oder *lediglich* Empfindungen zuschreiben soll.[38] Ein solcher Streit kann aber für unsere Zwecke auf sich beruhen bleiben. Denn zum einen sind zumindest *angenehme* Empfindungen möglicherweise mit einem gewissen Wunsch nach ihrer Fortdauer *automatisch* verbunden. Und zum anderen sollte man dort, wo es um so bedeutsame Konsequenzen wie den Schutz des Lebens geht, den betroffenen Individuen *im Zweifel* eher zu viel als zu wenig an relevanten Eigenschaften zuerkennen.

Wir gehen also davon aus, daß ältere Föten ebenso wie die Vertreter vieler Tierarten über gegenwartsbezogene Wünsche verfügen, und müssen demnach die Konsequenzen dieser Tatsache für die Einräumung eines Lebensrechtes prüfen.

Punktuelles Überlebensinteresse

In diesem Zusammenhang ist zu bedenken, daß ein Überlebensinteresse, das auf einem bloß gegenwartsbezogenen Wunsch beruht, nicht nur nicht gewichtiger als

---

37 Die Empfindungsfähigkeit des Fötus setzt frühestens im vierten Lebensmonat ein (vgl. Zimmer 1984, 50).

38 Ein solcher Streit könnte sowohl auf einer gewissen Unklarheit des Wunschbegriffs als auch auf Unkenntnis aller relevanten Fakten beruhen.

der betreffende Wunsch sein kann, sondern auch nicht länger andauern kann als dieser. Mit anderen Worten: Wenn der Wunsch beispielsweise einer Katze, etwas zu fressen, befriedigt und deshalb vergangen ist, so gehört auch das mit diesem Wunsch verbundene Überlebensinteresse der Vergangenheit an. Vielleicht folgt dem vergangenen Wunsch ein neuer Wunsch mit einem weiteren, mit *diesem* Wunsch verbundenen Überlebensinteresse, vielleicht auch nicht. Jedenfalls aber hört die Kette der Wünsche spätestens in dem Augenblick auf, in dem die Katze einschläft. Eine schlafende Katze hat also kein Überlebensinteresse.

Hier zeigt sich in aller Deutlichkeit der Unterschied zwischen einem personalen und einem nicht-personalen Wesen: Ein personales Wesen hat zu irgendeiner Zeit *vor* dem Einschlafen Wünsche – zukunftsbezogene Wünsche –, die sich auf die Zeit *nach* dem Erwachen richten; es hat deshalb, wie wir unter 4 sahen, ein jederzeit Berücksichtigung verdienendes Überlebensinteresse. Ein nicht-personales Wesen wie eine Katze hat solche Wünsche mangels eines Ichbewußtseins und der damit verbundenen Fähigkeit zu zukunftsbezogenen Wünschen nicht. Wir müssen uns in diesem Zusammenhang davor hüten, unsere eigenen, spezifisch personalen Bewußtseinszustände in zwar bewußte, aber bloß empfindungsfähige Wesen (Tiere oder Föten) hineinzuprojizieren.

Beide Eigenschaften – das mangelnde Gewicht sowie die mangelnde Kontinuität – des auf gegenwartsbezogenen Wünschen basierenden Überlebensinteresses sprechen dafür, empfindungsfähigen Wesen kein eigentliches *Recht* auf Leben zuzusprechen.[39] Aber selbst wenn der Leser in diesem Punkt anderer Meinung sein sollte: Er wird aus den genannten Gründen zumindest zugestehen müssen, daß ein eventuelles Lebensrecht bloß empfindungsfähiger Wesen jedenfalls im *Rang* dem Lebensrecht personaler Wesen nicht annähernd gleichkommen kann.

Es wäre allerdings unbegründet, das Überlebensinteresse bloß empfindungsfähiger Wesen in der Ethik des Lebensschutzes *überhaupt nicht* zu berücksichtigen. Man wird dieses Überlebensinteresse vielmehr, sofern und solange es existent ist, gegen eventuell entgegenstehende Interessen anderer Wesen abwägen müssen.[40]

Überlebensinteresse des Fötus

Wie wir sahen, gibt es keinen Grund, bloß empfindungsfähigen Wesen in jenen Phasen ihres Lebens – um ihrer selbst willen – Lebensschutz zu gewähren, in denen sie gar keine Wünsche haben. Diese Erkenntnis als solche hat jedoch für das Abtreibungsproblem nur begrenzte praktische Bedeutung. Sie läßt zwar selbstverständlich eine Abtreibung im *frühen* Stadium der Schwangerschaft, in dem der Fötus überhaupt noch keine Wünsche hat, als unbedenklich erscheinen; da bei einer Abtreibung im *späteren* Stadium jedoch kaum ermittelt werden kann, ob der Fötus im betreffenden Mo-

39 Vgl. oben S. 21 f.
40 Welche Konsequenzen sich hieraus für die Tierethik (insbesondere für einen Vegetarismus) ergeben, gehört nicht zu unserem Thema.

ment gerade etwas wünscht oder nicht – also ein gewisses Überlebensinteresse hat oder nicht –, ist eine normative Beurteilung einer solchen Abtreibung entscheidend auf eine *Gewichtung dieses Überlebensinteresses* angewiesen. Wer es nicht von vornherein für ausgeschlossen hält, daß der Fötus zeitweise so etwas wie Wünsche hat, kann dieser Gewichtungsfrage nicht ausweichen.[41]

Es erscheint allerdings kaum möglich, eine auch nur einigermaßen *exakte* Gewichtung der Wünsche des Fötus, die seinem Überlebensinteresse zugrunde liegen, vorzunehmen. Denn zum einen ist es durchaus fraglich, ob man im allgemeinen Wünsche bloß empfindungsfähiger Wesen einer Wertungsskala zuordnen kann. Und zum anderen können wir uns über die Einzelheiten fötaler Wünsche aus naheliegenden Gründen kein definitives Bild machen.

Eine *exakte* Gewichtung fötaler Wünsche erscheint bei realistischer Betrachtungsweise aber auch als völlig überflüssig. Es genügt für unseren gegenwärtigen Zweck vollkommen, wenn wir etwa die Wünsche eines Neugeborenen (die im Zweifel eher gewichtiger als die Wünsche eines Fötus sein dürften) mit den widerstrei-

41 Aus der Tatsache, daß der Fötus von einem gewissen Zeitpunkt seiner Entwicklung an ein Bewußtsein und somit möglicherweise auch Wünsche hat, darf man allerdings nicht den völlig phantastischen Schluß ziehen, der Fötus könne auch bereits einen *Überlebenswunsch* bzw. dessen Pendant einer *Todesangst* haben. Für die Fähigkeit zu derart reflektierten Bewußtseinszuständen gibt es auch beim Neugeborenen nicht die geringsten Anhaltspunkte. Daß der Fötus etwa auf Eingriffe in seine körperliche Integrität instinktiv gewisse Reaktionen zeigt, spricht nicht für eine Todesangst. Reflexe dieser Art finden sich sogar bei niederen Tieren.

tenden Wünschen bzw. Interessen einer abtreibungswilligen Schwangeren vergleichen.

Das Neugeborene hat, so darf man annehmen, gelegentlich den Wunsch, umgehend etwas zu trinken oder
Wärme zu empfinden. (Zukunftsbezogene Wünsche
können Neugeborene, wie wir wissen, noch nicht haben.) Auf der anderen Seite geht es jedoch um den
Wunsch der abtreibungswilligen Frau, nicht monate-
lang mit den Belastungen einer unerwünschten
Schwangerschaft leben zu müssen. Würde jemand
ernsthaft behaupten wollen, die genannten Wünsche
des Kindes bzw. des Fötus besäßen hier auch nur annähernd das gleiche Gewicht?[42] Auch derjenige, der vielleicht bereit ist, um des Überlebensinteresses empfindungsfähiger *Tier*wesen wegen zum Vegetarier zu werden, wird so weit kaum gehen wollen.

Es gibt demnach keinen guten Grund, dem Fötus mit
Rücksicht auf seine möglicherweise in Abständen auftretenden gegenwartsbezogenen Wünsche Lebensschutz gegenüber der Schwangeren zu gewähren. Daß
eine Abtreibung gegebenenfalls soweit wie möglich in
einer Weise zu erfolgen hat, die dem Fötus keine
Schmerzen zufügt, versteht sich in diesem Zusammenhang von selbst.[43]

---

42 Daß diese Abwägung zwischen Fötus und Schwangerer hier
zu einem ganz anderen Ergebnis führt als unter 2, beruht darauf, daß das im vorliegenden Zusammenhang zur Debatte
stehende Überlebensinteresse des Fötus ungleich unbedeu-
tender ist als sein unter 2 vorausgesetztes Lebensrecht.

43 Auch die Rechtsordnung sollte dem Fötus – entsprechend
wie dem Tier (vgl. §§ 1, 17, 18 Tierschutzgesetz) – generell
einen Schutz vor Zufügung von Schmerzen *ohne vernünftigen Grund* gewähren.

7. Überlebensinteresse potentieller Personen?

Ein Fötus hat, wie unter 5 ausgeführt, mangels eines Ichbewußtseins noch keine zukunftsbezogenen Wünsche und somit noch kein entsprechendes Überlebensinteresse. Er wird sich aber unter normalen Umständen zu einem Wesen mit Ichbewußtsein und zukunftsbezogenen Wünschen entwickeln. Er ist insofern ein *potentiell* personales oder *vorpersonales* Wesen.

Unter zwei verschiedenen Gesichtspunkten könnte es gerechtfertigt sein, potentiell personalen oder vorpersonalen Wesen (potentiellen Personen) Lebensschutz zu gewähren. Zum einen könnte es ein bestimmtes Interesse *dieser Wesen selbst* geben, das die Gewährung eines Lebensschutzes – in Form eines eigenständigen Lebensrechtes – als geboten erscheinen läßt. Und zum anderen könnte ein *in der Bevölkerung* mehr oder weniger verbreitetes Interesse an der Existenz dieser Wesen dafür sprechen, ihnen – auch ohne Einräumung eines eigenständigen Lebensrechtes – einen gewissen Lebensschutz zu gewähren.[44] Den ersten dieser beiden Gesichtspunkte werde ich im vorliegenden Kapitel, den zweiten im folgenden Kapitel behandeln.

44 Zur Begründung für die Unterscheidung dieser beiden Gesichtspunkte vgl. oben S. 21 f.

Die Projektion
des künftigen Interesses

Die Person, die später aus dem Fötus wird, wird ohne Zweifel ein Überlebensinteresse und deshalb ein entsprechendes Lebensrecht haben. Könnte man angesichts dieser Tatsache nun nicht argumentieren, daß dieses Überlebensinteresse eines heutigen Erwachsenen sich notwendigerweise auch auf solche *vergangenen* Handlungen bzw. Unterlassungen erstreckt, ohne die er nicht hätte überleben können und ohne die deshalb kein einziger seiner *aktuellen* zukunftsbezogenen Wünsche erfüllt werden kann?

Wir wollen uns dieses Argument an einem Beispiel klarmachen. Ich, der Erwachsene Norbert Hoerster, freue mich nicht nur momentan meines Lebens. Ich habe auch eine Reihe zukunftsbezogener Wünsche und insofern ein Interesse an meinem Überleben. Eine notwendige Bedingung meines jetzigen wie künftigen Lebens ist jedoch die Tatsache, daß ich als Fötus nicht abgetrieben wurde. Also, so lautet das Argument, richtet sich mein heutiges Interesse am Überleben nicht nur auf künftige, sondern ebenso auf vergangene Unterlassungen meiner Tötung. Wenn es auch zutrifft, daß ich *als Fötus* noch kein bedeutsames Überlebensinteresse hatte, so erstreckt sich doch mein *heutiges* Überlebensinteresse darauf, daß ich als Fötus nicht abgetrieben, sondern durch die Einräumung eines Lebensrechtes vor einer Abtreibung so weit wie möglich geschützt wurde. Ganz Entsprechendes dürfte für jeden Leser dieser Zeilen gelten.

Es wäre nun aber offenbar ungerecht, wenn wir, die

heutigen Personen, jenen Lebensschutz, an dem wir in bezug auf jene vorpersonalen Wesen, die wir selbst einmal waren, heute interessiert sind, nicht auch allen anderen vorpersonalen Wesen zugestehen würden, damit auch sie eines Tages als Personen ihr Überlebensinteresse verwirklichen können. Also muß Föten ganz allgemein ein Lebensrecht gewährt werden.

Tötung
und andere Interessenverletzungen

Dieses Argument mag bei manchem Leser auf spontane Zustimmung stoßen. Wir werden jedoch sehen, daß es fehlerhaft ist. Und zwar liegt der Fehler nicht etwa darin, daß hier offenbar vorausgesetzt wird, daß bereits zu einem Zeitpunkt t_1 ein Interesse verletzt werden kann, das erst zu einem späteren Zeitpunkt t_2 existent wird. Diese Voraussetzung ist durchaus gerechtfertigt. Man betrachte folgendes fiktive Beispiel: An einem Fötus wird zu Versuchszwecken eine bestimmte Bestrahlung durchgeführt, die zur Folge hat, daß bei dem späteren Menschen, der sich aus dem Fötus entwickelt, eine Hörbehinderung auftritt.[45]

Natürlich verstößt eine solche Handlung gegen ein *künftiges Recht* und ist deshalb verbotswürdig. Denn die Handlung führt zu einer Beeinträchtigung, die von dem betreffenden Individuum über kurz oder lang als solche empfunden werden wird. Daß der Fötus, an dem

45 Ein analoges, weniger fiktives Beispiel: Eine Schwangere nimmt ein Schlafmittel ein, das bei ihrem Kind zu einer Behinderung führt.

die Handlung ausgeführt wird, *seinerseits* mangels eines entsprechenden Wunsches noch kein Interesse hat, später einmal zu hören, ändert daran nichts. Denn eines Tages wird das Kind oder der Jugendliche ein solches Interesse entwickeln und sich dann mit Recht darüber beklagen, daß dieses Interesse durch die an ihm als Fötus vorgenommene Handlung verletzt wurde. Selbstverständlich hat ein Erwachsener ein Recht darauf, daß an ihm als Fötus keine ihn heute beeinträchtigenden Experimente durchgeführt wurden.[46]

Man kann sogar noch einen Schritt weiter gehen: Nicht nur das Interesse bzw. Recht, das bereits im Zeitpunkt t_1 verletzt werden kann, braucht erst zum Zeitpunkt t_2 zu existieren, sondern sogar der *Träger* dieses Interesses bzw. Rechtes braucht erst zum Zeitpunkt t_2 zu existieren. So können wir beispielsweise schon heute durch unser Umweltverhalten die Interessen und Rechte künftiger Generationen verletzen – und sind deshalb verpflichtet, diese künftigen Interessen und Rechte schon heute zu respektieren.

Wenn aber sogar eine *Körperverletzung* eines künftigen Interessenträgers verbotswürdig ist, muß dann nicht die *Tötung* eines künftigen Interessenträgers erst recht als verbotswürdig angesehen werden? Ist es nicht viel schlimmer, ein Wesen zu töten, als ihm eine etwa zu einer Hörbehinderung führende Körperverletzung beizubringen? Und ist es nicht viel schlimmer, ein Wesen zu töten, als ihm etwa eine beschädigte Umwelt zu hinterlassen?

---

46 Dieser Gesichtspunkt sollte nach meiner Auffassung auch an erster Stelle jedes Embryonenschutzes stehen.

Nun, dies trifft zweifelsohne dann zu, wenn das betreffende Wesen *zum Tötungszeitpunkt* bereits eine Person ist. Denn unter dieser Voraussetzung wird durch die Tötung tatsächlich ein Überlebensinteresse verletzt – was natürlich schlimmer ist als die Verletzung des Interesses an einem guten Gehör oder des Interesses an einer intakten Umwelt.

Durch die Tötung eines vorpersonalen Wesens wird jedoch kein Überlebensinteresse verletzt. Es wird nicht nur kein Überlebensinteresse des Fötus verletzt. (Der Fötus hat, wie wir sahen, mangels zukunftsbezogener Wünsche noch kein bedeutsames Überlebensinteresse.[47]) Es wird in Wahrheit auch – und das ist hier der springende Punkt – nicht etwa ein Überlebensinteresse einer späteren, sich aus dem Fötus entwickelnden Person verletzt! Es wird vielmehr *verhindert*, daß aus dem Fötus jemals ein Wesen mit einem Überlebensinteresse entsteht. Hierin aber liegt ein wesentlicher Unterschied: Die *Verhinderung der Entstehung* eines Überlebensinteresses ist etwas ganz anderes als die *Verletzung* eines – sei es gegenwärtig oder zukünftig – *existierenden* Überlebensinteresses.[48]

Daß das Überlebensinteresse *ohnehin*, d. h. ganz unab-

---

47 Wenn Leist (1990, 152 ff.) dem empfindungsfähigen Fötus einfach mit Rücksicht auf seine einschlägigen Wünsche *nach* der Geburt bereits ein *gegenwärtiges* Überlebensinteresse zuschreibt, so sprengt er durch diese willkürliche Vorverlegung des Zeitpunktes der Zuschreibung – offenbar um des gewünschten Ergebnisses willen – faktisch jeden an real existenten Wünschen orientierten ethischen Begründungsansatz. Vgl. ausführlich Hoerster 1991e.

48 Aus diesem Grund werden auch durch die Tötung einer *Person* nicht etwa ihre *künftigen* Interessen verletzt. Verletzt

hängig von der zur Debatte stehenden Handlung eines Tages bestehen wird, ist die entsprechende Voraussetzung dafür, daß dieses Überlebensinteresse überhaupt *verletzt* werden kann. Verbotswürdig ist eine Handlung dabei natürlich auch schon dann, wenn das künftige Interesse nur mit einer gewissen *Wahrscheinlichkeit* entstehen und verletzt werden wird: Auch eine Frau beispielsweise, die nur *möglicherweise* schwanger ist, handelt verbotswürdig, wenn sie sich wissentlich mit Aids infiziert.

Aus dieser Tatsache läßt sich jedoch keinesfalls, wie versucht worden ist[49], ein Argument gegen die Abtreibung gewinnen: Man mag zwar, wenn man will, sowohl in dem soeben genannten Fall als auch im Fall einer in Erwägung gezogenen Abtreibung von einem »möglichen« oder »potentiellen« künftigen Überlebensinteresse sprechen. Ein solches sprachliches Vorgehen stellt aber keinerlei Grund dafür dar, beide Arten »möglicher« Überlebensinteressen als moralisch gleichermaßen berücksichtigenswert zu betrachten. Wer einen Fötus *als Fötus* tötet, *verletzt* gar kein (auch kein *mögliches*) künftiges Überlebensinteresse. Denn er bewirkt, daß es ein bestimmtes Überlebensinteresse *mit Sicherheit* überhaupt nicht geben wird. Wer dagegen möglicherweise einen Fötus mit Aids infiziert, verletzt damit möglicherweise auch ein später existentes Überlebensinteresse.

Man kann diesen Unterschied nicht leugnen: Wer ein

werden vielmehr ihre *gegenwärtigen* Interessen an ihrem künftigen Leben!

49 Vgl. näher die Kontroverse zwischen v.d. Pfordten 1990 und Hoerster 1990a.

menschliches Individuum als Fötus mit Aids infiziert, so daß dieses Individuum *als Jugendlicher* stirbt, verletzt ein später real vorhandenes Überlebensinteresse. Wer dagegen einen Fötus *tötet*, tut gerade dieses nicht. Er verletzt nämlich überhaupt kein reales Interesse dessen, der getötet wird – weder sein reales Interesse in der Gegenwart noch sein reales Interesse in der Zukunft. Insofern kann eine Abtreibung weder mit einer später zum Tode führenden Aids-Infizierung noch mit der Verursachung einer späteren Behinderung moralisch auf eine Stufe gestellt werden.

Abtreibung – Empfängnisverhütung – Enthaltsamkeit

Wie abwegig es in der Tat wäre, bereits einem vorpersonalen Wesen, aus dem sich möglicherweise später eine Person mit ihrem Lebensinteresse entwickelt, wegen dieses Interesses ein Recht auf Leben einzuräumen, geht auch aus folgendem hervor. Für die Realisierung dieses späteren Lebensinteresses der Person P ist es völlig gleichgültig, ob P als Fötus abgetrieben oder ob P gar nicht erst gezeugt worden wäre. So oder so wäre P heute nicht existent. Wenn man also aus P's gegenwärtigem Lebensinteresse ein Recht auf die notwendigen Voraussetzungen seiner jetzigen Existenz ableiten wollte, so müßte man der entsprechenden vorpersonalen *Eizelle* ebenso ein Recht auf Befruchtung wie dem entspechenden vorpersonalen *Fötus* ein Recht auf Nicht-Abtreibung zuerkennen! Diese Konsequenz jedoch dürfte kaum jemand zu ziehen bereit sein.

Dem wird mancher Leser vielleicht entgegenhalten,

zwischen der Nichtbefruchtung einer Eizelle (sei es durch Verzicht auf Geschlechtsverkehr, sei es durch Empfängnisverhütung) und der Abtreibung eines Fötus bestehe doch *offenkundig* ein ethisch relevanter Unterschied.

Diese Entgegnung ist im vorliegenden Zusammenhang jedoch verfehlt. Selbst wenn zwischen den genannten Handlungen ein ethisch relevanter Unterschied bestehen sollte: Ein solcher Unterschied kann jedenfalls nicht – und darauf kommt es hier an – aus dem *Argument des Lebensinteresses einer späteren Person* abgeleitet werden. Denn für das Schicksal und die Interessen der späteren Person P ist, wie gesagt, überhaupt kein Unterschied darin zu erkennen, ob P gar nicht erst gezeugt oder ob P zwar gezeugt, aber als Fötus abgetrieben worden wäre. Im Kontext des *gegenwärtigen* Argumentes kann der genannte Unterschied deshalb mit Sicherheit *keine* Rolle spielen. Wer diesen Unterschied trotzdem für relevant hält, wird nach einem andersartigen Argument Ausschau halten müssen. Wir werden in der Tat im folgenden Kapitel ein Argument kennenlernen, in dessen Rahmen man dem Unterschied eine gewisse Relevanz zusprechen kann.

8. Lebensschutz des Fötus im öffentlichen Interesse?

Damit komme ich zur Erörterung des zweiten oben genannten Gesichtspunktes, unter dem es gerechtfertigt sein könnte, vorpersonalen Wesen einen Lebensschutz zu gewähren.[50] Daß Föten selbst kein bedeutsames Interesse an ihrem Überleben haben, schließt ja nicht aus, daß es in der Gesellschaft insgesamt diverse Interessen an ihrem Überleben gibt, die Berücksichtigung verdienen könnten.

Zu denken ist in erster Linie an ein Interesse der Schwangeren. Dieses Interesse bereitet allerdings theoretisch keine Schwierigkeiten: Eine Schwangere, die nach ernsthafter Überlegung zu einer Abtreibung entschlossen ist, läßt damit erkennen, daß sie am Überleben ihres Fötus alles in allem eben *nicht* interessiert ist. Daß auf der anderen Seite eine Abtreibung *ohne Einwilligung* der Schwangeren nicht zugelassen werden darf, versteht sich so gut wie von selbst. Sowohl das Interesse der Schwangeren an ihrer gegenwärtigen Schwangerschaft bzw. künftigen Mutterschaft als auch das Interesse der Schwangeren an ihrer körperlichen Integrität stehen einer vom Standpunkt der Schwangeren unfreiwilligen Abtreibung entscheidend entgegen.

Wie aber steht es mit Interessen Dritter, also mit in der Gesellschaft existenten Interessen anderer Individuen als des Fötus und der Schwangeren selbst? Welche Interessen kommen hier in Betracht, und wie sind sie im Konflikt mit den Interessen der abtreibungswilligen Schwangeren zu gewichten?

50 Vgl. oben S. 96.

Ohne Föten als vorpersonale Wesen gibt es offenbar keine Personen: Die Föten von heute sind die Personen von morgen. Wer daran interessiert ist, daß die Menschheit nicht ausstirbt, muß also auch an Existenz und Überleben von Föten interessiert sein. Ließe sich aus diesem in der Bevölkerung sicherlich vorhandenen Interesse nicht ohne weiteres ein Argument gegen die *Tötung* von Föten, also gegen die Abtreibung gewinnen?

Gegen ein solches Argument gibt es einen entscheidenden Einwand: Bevölkerungspolitische Erwägungen der angeführten Art – gleichgültig, ob sie auf den Fortbestand oder gar das Anwachsen der Menschheit oder etwa eines bestimmten Volkes abstellen – können zur Forderung von Existenz und Gedeihen keinesfalls *bestimmter*, sondern lediglich *irgendwelcher* Föten führen. Denn für das Ziel, eine Bevölkerungszahl einer gewünschten Größenordnung zu erreichen, kommt es offensichtlich in keiner Weise darauf an, welche *konkreten* Föten zur Geburt gelangen. Es können die derzeit existenten Föten, ebensogut aber auch andere, an deren Stelle erst zu zeugende Föten sein. Entscheidend ist allein die Gesamtmenge *irgendwelcher* Föten (bzw. *irgendwelcher* Föten des betreffenden Volkes). Die einzelnen Menschen bzw. Föten, welche die gewünschte Gesamtmenge bilden, sind insoweit ohne weiteres gegeneinander *austauschbar*.

Natürlich kann es moralisch nicht in Frage kommen, menschliche Individuen, die bereits *Personen* sind, gegeneinander auszutauschen, also etwa bestimmte, aus irgendeinem Grunde unliebsame Personen zugunsten anderer, in ihren Eigenschaften erwünschter Personen, die deren Stelle einnehmen, einfach zu vernichten. Der Grund, der ein solches Vorgehen unzulässig erscheinen läßt, ist jedoch *gerade nicht* bevölkerungspolitischer Natur; bevölkerungspolitisch wäre ein solches Vorgehen durchaus unbedenklich. Der Grund ist vielmehr, wie wir unter 4 sahen, der, daß jede der betroffenen Personen ein gewichtiges eigenes Überlebensinteresse hat und deshalb ein Recht auf *ihr* Leben erhalten muß. Nur ein solches Interesse bzw. Recht macht jede konkrete Person zu einem Wesen, das *nicht* austauschbar ist.

Ein *bevölkerungspolitisches* Interesse an der Existenz künftiger Menschen oder etwa künftiger Bayern ist jedoch im Gegensatz dazu, was die *konkreten Individuen* angeht, in seiner Zielrichtung vollkommen indifferent. Bevölkerungspolitisch gesehen spricht deshalb auch keineswegs gegen eine Austauschbarkeit, daß jedes menschliche Wesen ein unverwechselbares Individuum mit einem einmaligen genetischen Programm ist. Denn gerade diese Eigenschaft – die im übrigen auch von Tieren oder Pflanzen geteilt wird – zeichnet ja sämtliche Personen in gleicher Weise aus. Für den Bevölkerungspolitiker ist das unverwechselbare Individuum I_2 so gut wie das unverwechselbare Individuum I_1.

Eine Gesellschaft, die bevölkerungspolitische Ziele verfolgt, wird dies sinnvollerweise dadurch tun, daß sie für ihre Mitglieder Anreize – insbesondere finanzielle Anreize etwa steuerrechtlicher Natur – zum Kindergebären schafft. Strafrechtliche Normierungen dagegen kommen schon wegen der Schärfe ihrer Sanktionen erst in letzter Linie in Frage.

Doch selbst dann, wenn man Bevölkerungspolitik mit

Mitteln des Strafrechts für gerechtfertigt hielte, so wäre es bis zur Begründung eines strafrechtlichen *Abtreibungsverbotes* immer noch ein weiter, kaum gangbarer Weg. Denn ein Staat, der auch nur ein gewisses Gewicht auf die freie Selbstbestimmung seiner Bürger legt, wird es diesen Bürgern selbst überlassen müssen, zu welcher Zeit ihres Lebens und unter welchen konkreten Umständen sie ihren als notwendig betrachteten Beitrag zum Bestand der Menschheit bzw. des eigenen Volkes leisten wollen. Schließlich stellen Schwangerschaft und Betreuung eines Kindes eine nicht gerade geringfügige Belastung dar. Daß eine Frau eine Abtreibung vornimmt, schließt ja in keiner Weise aus, daß dieselbe Frau ihren festgesetzten Beitrag entweder vorher bereits geleistet hat oder aber später – unter ihr selbst genehmeren Umständen – noch leisten wird. Die Pflicht zu einer bestimmten Anzahl eigener Kinder ist *eine* Sache; die Pflicht, einem konkreten Fötus zur Kindwerdung zu verhelfen, ist eine *andere* Sache.

Ein strafrechtliches Abtreibungsverbot ließe sich aus bevölkerungspolitischen Erwägungen allenfalls dann begründen, wenn man eine strikte Pflicht jeder Frau voraussetzen würde, den *gesamten* Zeitraum ihrer Gebärfähigkeit mit dem Ziel einer möglichst großen Kinderschar *optimal* zu nutzen. Eine solche Pflicht aber wird selbst von Vertretern einer kirchlich geprägten Ehelehre heutzutage kaum noch behauptet.

Doch es gibt außer bevölkerungspolitischen Erwägungen noch ein anderes, ebenfalls öffentliches Interesse, das dafür sprechen könnte, vorpersonalen Wesen oder Föten einen gewissen Schutz durch Moral und Rechtsordnung zukommen zu lassen. Dieses Interesse kann man in dem Respekt oder in der Achtung erblicken, die individuellem menschlichen Leben *in jeder Form* gewöhnlich entgegengebracht wird. Worin besteht diese Achtung, und welche normativen Forderungen lassen sich auf sie gründen?

Föten sind generell von Beginn ihrer Existenz, d. h. vom Zeitpunkt der Befruchtung an sowohl individuelle menschliche Wesen als auch vorpersonale Wesen: Sie sind eigenständige Angehörige der menschlichen Spezies, die sich mit einer gewissen Wahrscheinlichkeit zu menschlichen Personen entwickeln werden. Dies ist zwar, wie wir unter 7 sahen, kein Grund, Föten bereits die Rechte jener künftigen Personen, die aus ihnen werden können, zuzugestehen; sofern sie nämlich als Föten getötet werden, werden sie den Status von Personen nie erreichen. Diese Sichtweise schließt aber nicht aus, Föten ganz generell in ihrer Eigenschaft als vorpersonalen Wesen oder potentiellen Personen eine gewisse Achtung und Wertschätzung entgegenzubringen. Dabei kann jemand diese Einstellung durchaus auch unabhängig von den in dieser Untersuchung erörterten *Argumenten* haben.

Wie könnte diese Einstellung, ohne argumentativ vermittelt zu sein, zustande kommen? Nun, es ist in keinem Bereich ungewöhnlich, daß Menschen den emotionalen Antrieb verspüren, ihre moralischen Einstellungen in Randzonen über das rational Erforderliche hinaus auszudehnen. Dies aber zeigt sich im Bereich der Respektierung menschlicher Individuen nicht nur am Anfang, sondern auch am Ende des Lebens.

So betrachten die allermeisten Menschen menschliche Leichen eben nicht wie Tierleichen oder wie Sachen, mit denen man nach Belieben verfahren darf.[51] Und zwar setzt sich in diesem Respekt vor dem menschlichen Leichnam jener Respekt gewissermaßen fort, den wir der menschlichen Person zu Lebzeiten fraglos schuldig sind. Allerdings ist dieser Respekt vor dem Leichnam gegenüber dem Respekt vor der menschlichen Person stark reduziert: Die Verwendung eines Leichnams etwa zum Zweck medizinischer Forschung oder Lehre wird nicht als Verstoß gegen diesen Respekt betrachtet. Generell formuliert, wird man sagen können, daß Manipulationen an Leichen dann gerechtfertigt erscheinen, wenn für sie ein vernünftiger, allgemein nachvollziehbarer Grund von einigem Gewicht besteht.

Ganz ähnlich wie jener der menschlichen Person gebührende Respekt aber auf das *nach*personale Stadium des Menschen in einem gewissen Maße übertragen werden kann, so kann dies auch auf das *vor*personale Stadium des Menschen geschehen.[52] Das bedeutet nicht, daß die Folgen der Übertragung in beiden Fällen genau

51 Vgl. auch § 168 Strafgesetzbuch.
52 Dazu, daß es darüber hinaus gute Gründe gibt, dem vorpersonalen menschlichen Wesen vom Zeitpunkt der Geburt an sogar die vollen Rechte einer menschlichen Person einzuräumen, ausführlich Kapitel 10.

die gleichen sein müßten. Einerseits ist der Fötus im Unterschied zum Leichnam immerhin ein Lebewesen; andererseits zeigt der Leichnam im Unterschied zum Fötus – insbesondere zum Fötus im Frühstadium – äußerlich das vertraut menschliche Erscheinungsbild. Trotzdem wird man diesem auf emotionaler Projektion basierenden Respekt im Konflikt mit entgegenstehenden individuellen Interessen in beiden Fällen etwa die gleiche Bedeutung zuerkennen können.

So erscheint es im vorpersonalen ebenso wie im nachpersonalen Stadium des Menschen *dann* legitim, Eingriffe vorzunehmen, wenn für diese, wie ich oben formulierte, »ein vernünftiger, allgemein nachvollziehbarer Grund von einigem Gewicht« besteht. Daß ein solcher Grund etwa in der Nutzung von Föten zur Herstellung von Kosmetika bestehen kann, darf man bezweifeln. Daß er auf der anderen Seite in der Beendigung einer unerwünschten Schwangerschaft bestehen kann, läßt sich kaum bezweifeln. Denn daß eine Frau eine Schwangerschaft etwa zum Spaß oder mutwillig abbricht, widerspricht jeder Lebenserfahrung. Schließlich sind die Begleit- und Folgeerscheinungen *jeder* Schwangerschaft, auch ohne daß irgendeine besondere Indikation für einen Abbruch vorliegen müßte, so gravierend, daß diese Begleit- und Folgeerscheinungen *per se* einen vernünftigen Grund im genannten Sinn darstellen.

Das dürfte auch im Spätstadium einer Schwangerschaft nicht anders sein. Es liegt zwar nahe, daß in diesem Stadium einerseits die Achtungsgefühle gegenüber dem Fötus wegen seiner größeren Nähe zur menschlichen Person stärker und andererseits die Beschwernisse für die ungewollt Schwangere wegen der kürzeren Dauer der ihr noch bevorstehenden Schwangerschaft geringfügiger sind. Trotzdem muß auch hier von einem deutlichen Übergewicht der Interessen der Schwangeren gegenüber den Achtungsgefühlen der Öffentlichkeit ausgegangen werden.

Vielleicht wird mancher Leser meinen, daß in dieser Betrachtungsweise der Respekt gegenüber dem Fötus im Vergleich mit den Interessen der Schwangeren zu gering gewichtet wird. In diesem Zusammenhang müssen zwei Fragen voneinander unterschieden werden: 1. Wie stark ist das Achtungsgefühl, das dem Fötus in der Gesellschaft entgegengebracht wird, tatsächlich? 2. Welches Gewicht kann dieses Achtungsgefühl im Konflikt mit den Interessen der Schwangeren an der Beendigung ihres Zustandes beanspruchen?

Die erste Frage wird man dahingehend beantworten müssen, daß das Achtungsgefühl gegenüber dem Fötus in unserer gegenwärtigen Gesellschaft sehr stark variiert: Bei Leuten, die dem Fötus ein eigenständiges Recht auf Leben zugestehen, ist dieses Gefühl naturgemäß viel stärker ausgebildet als bei Leuten, die dies nicht tun. Solange die in dieser Untersuchung vertretene Auffassung, daß es für ein solches Lebensrecht des Fötus keine überzeugenden Gründe gibt, nicht allgemein akzeptiert ist, wird sich an dieser Situation auch kaum etwas ändern. Die Tatsache, daß die Forderung nach einem eigenständigen Lebensrecht für den Fötus unbegründet ist und als solche nicht erfüllt werden sollte, rechtfertigt jedoch nicht, auch die auf dieser Grundlage entstandenen *Gefühle* unberücksichtigt zu lassen.

Muß man deshalb diesem in der Bevölkerung teilweise

sehr intensiven Achtungsgefühl gegenüber dem Fötus, wenn es um die Verbotswürdigkeit der Abtreibung geht, nicht größeres Gewicht beimessen, als ich es getan habe? Diese Frage läßt sich nur im Rahmen dessen rational beantworten, was generell an Freiheitsbeschränkungen zum Schutz öffentlicher Gefühle legitim ist.

Generell gehen Gesellschaften, die sich als freiheitlich verstehen, davon aus, daß einigermaßen wichtige oder nicht ganz unerhebliche Interessen, die das Individuum an *eigenen* Handlungen hat, gegenüber ideellen, weltanschaulichen oder gefühlsmäßigen *Abneigungen* der Öffentlichkeit gegen diese Handlungen stets den Vorrang haben müssen. Dieses Prinzip läßt sich am Beispiel der Homosexualität gut verdeutlichen. Da das Interesse an sexueller Aktivität einigermaßen wichtig ist, muß dieses Interesse selbst dann Vorrang haben, wenn eine bestimmte Form seiner Befriedigung nur von einer kleinen Minderheit gewünscht, von der großen Mehrheit aber als anstößig empfunden wird.

Fast jeder hat ja *irgendwelche* Eigenarten und Interessen, die ihm selbst sehr wichtig sind, die von der Allgemeinheit jedoch nicht nur nicht geteilt werden, sondern vielleicht sogar – sei es aus bloß emotionalen, sei es aus ausgesprochen irrationalen Gründen – verurteilt werden. Das generelle Prinzip, in derartigen Fällen den öffentlichen Gefühlen Vorrang zu geben, würde darauf hinauslaufen, ein *Recht* auf individuelle Handlungsfreiheit überhaupt zu leugnen.

Das bedeutet nicht, daß die Gefühle der Öffentlichkeit insoweit *gar keine* Berücksichtigung verdienen. Häufig werden diese Gefühle ja besonders dann verletzt, wenn das abgelehnte individuelle Verhalten gerade *in der Öf-*

fentlichkeit vorgenommen wird. In diesem Fall kann man dem öffentlichen Interesse, sofern das entgegenstehende individuelle Interesse ohne nennenswerte Einbuße auch in der Privatsphäre befriedigt werden kann, getrost den Vorrang zugestehen. (Dies trifft etwa zu im Fall homosexuellen Verhaltens, nicht aber etwa im Fall gemeinsamer sozialer Aktivitäten gemischtrassiger Paare.)

Selbst ausgesprochen starke öffentliche Gefühle, die in einer gegebenen Gesellschaft bestimmte, dem Individuum wichtige Verhaltensweisen als anstößig verurteilen, können ein Verbot dieser Verhaltensweisen also grundsätzlich nicht als legitim erscheinen lassen. Daß der Abbruch einer unerwünschten Schwangerschaft jedoch ein gravierendes Interesse auf seiten der betreffenden Frau darstellt, können auch die Vertreter eines noch so starken Achtungsgefühls gegenüber dem Leben des Fötus nicht leugnen.

Nach alledem läßt sich also auch mit einem – gleichgültig auf welche Weise fundierten – öffentlichen Interesse am Leben vorpersonaler Wesen ein Abtreibungsverbot nicht begründen.[53] Demgegenüber erscheint es durchaus möglich, im Bereich des *Embryonenschutzes* gewisse ethische Leitlinien auf ein solches öffentliches Interesse zu gründen.[54]

---

53 Das bedeutet natürlich nicht, daß nicht diejenigen, die – entgegen der von mir vertretenen Auffassung – ein *eigenständiges Lebensrecht* des Fötus für begründet halten, sich *ohne jede Berufung auf ihre Gefühle bzw. auf ein öffentliches Interesse* für ein Abtreibungsverbot aussprechen können.

54 Zum Embryonenschutz unter einem anderen Aspekt auch oben S. 99, Fußnote 46.

9. Der Fötus als »Ebenbild Gottes«?

Wir sahen unter 3, daß die Zugehörigkeit zur menschlichen Spezies *als solche* keinen ausreichenden Grund für die Einräumung eines Lebensrechtes darstellt. Und wir sahen unter 4-7, daß es offenbar auch keine Eigenschaft gibt, die *sowohl* die Einräumung eines Lebensrechtes rechtfertigt *als auch* sämtlichen Angehörigen der menschlichen Spezies von Beginn ihrer Existenz an zukommt. Die Eigenschaft der Personalität, auf die die erste dieser beiden Bedingungen zweifellos zutrifft, kommt gerade dem Fötus *nicht* zu.

Jene Eigenschaften, die wir für die Einräumung eines Lebensrechtes bisher in Betracht gezogen haben – Personalität, potentielle Personalität, Empfindungsfähigkeit –, sind allerdings sämtlich empirisch gegebene Eigenschaften. Nun gibt es in unserer Gesellschaft jedoch eine starke und verbreitete Tradition, wonach der Mensch nicht nur ein Wesen mit bestimmten empirisch gegebenen Eigenschaften ist, sondern darüber hinaus eine Dimension besitzt, die transzendenter Natur ist. Es ist diese im Kern *religiöse* Sichtweise vom Menschen und der menschlichen Natur, die in der Regel – wenngleich oft unausgesprochen – der moralischen Forderung eines Lebensrechtes für *jedes menschliche Individuum* zugrunde liegt und die diese Forderung letztlich allein nachvollziehbar macht. Wieso dies der Fall ist, soll nunmehr näher erläutert und begründet werden.

Der Zusammenhang zwischen der genannten moralischen Forderung und einer bestimmten religiösen
Sichtweise kommt in den folgenden Zitaten exempla-
risch zum Ausdruck. Die Zitate stammen aus der vom
Rat der Evangelischen Kirche in Deutschland sowie
von der Deutschen Bischofskonferenz 1989 gemeinsam
verfaßten Erklärung zum Lebensschutz.[55] In dieser Erklärung vertreten die Verfasser die Position, »das unbe-
dingte Lebensrecht jedes einzelnen Menschen« sei »eine
direkte Konsequenz aus seiner Gottebenbildlichkeit«;
sie bezeichnen außerdem diese »Verknüpfung« zwischen Lebensrecht und Gottebenbildlichkeit des Menschen als »zwingend«. Versuchen wir, uns diese Position näher zu verdeutlichen.

Zunächst einmal: Was bedeutet in diesem Zusammenhang die Redeweise der Verfasser von der »Gottebenbildlichkeit«? – Diese Redeweise bedeutet: Daß der
Mensch als einziges Lebewesen »Bild Gottes« genannt
wird, ist »Ausdruck seines Herausgehobenseins aus der
Natur«. Insbesondere zeigt sich darin, »daß der Mensch
für die Schöpfungswelt zum Repräsentanten und Statthalter Gottes eingesetzt ist«. Vor allem aber: »Gottebenbildlichkeit beinhaltet schließlich eine besondere
Berufung des Menschen. Gott beruft den Menschen in
seine Gemeinschaft; er würdigt ihn, sein Gegenüber zu
sein, also: in Beziehung auf Gott zu leben, und an seiner
Herrlichkeit teilzuhaben.« Und zwar gilt diese Beru-

---

55 Gemeinsame Erklärung 1989, 39 ff. Für weitere Belege in
diese Richtung siehe auch Kuhse/Singer 1985, Kapitel 5 und 6
sowie Kuhse 1990.

fung des Menschen durch Gott »nicht allein der menschlichen Gattung, sondern jedem einzelnen Menschen. Individuelle Besonderheit ist ein Wesensmerkmal des Menschseins. Jeder Mensch ist als solcher einmalig.«

Soweit zur *Bedeutung* der Gottebenbildlichkeit des Menschen. Daß aber jeder Mensch, weil er Ebenbild Gottes ist, vom Anfang seiner individuellen Existenz an ein *Lebensrecht* haben muß, das versteht sich für die Verfasser eigentlich von selbst. Jedenfalls sehen sie »keinen Grund, die Aussagen über Gottebenbildlichkeit bzw. Würde des Menschen nicht auch auf das vorgeburtliche menschliche Leben zu beziehen oder ihm den Anspruch gleichen Schutzes wie für das geborene Leben zu verweigern«.

Weil jedes menschliche Individuum von Anfang an Gottes Ebenbild ist, muß auch jedes menschliche Individuum von Anfang an ein unbedingtes Recht auf Leben haben: »Jedes menschliche Leben erhält einen eigenen Wert und Sinn, indem Gott es schafft, ruft, achtet und liebt; der Mensch hat eine unverlierbare Würde, weil Gott ihn berufen hat, sein Gegenüber zu sein, und ihn in Jesus Christus unbedingt angenommen hat; ungeborene Kinder sind dabei mitgemeint.« Und zwar sind ungeborene Kinder deshalb mitgemeint, weil jedes menschliche Individuum bei seinem Entstehen von Gott mit einer unsterblichen Seele ausgestattet und eben damit zu seinem Ebenbild berufen wird.

Soweit die Begründung der christlichen Kirchen in Deutschland für ein Lebensrecht jedes gezeugten menschlichen Individuums. Was ist von dieser Begründung, die sich im Kern mit einer Jahrhunderte alten christlichen Glaubenstradition deckt[56], zu halten? Ist der von den Kirchen geltend gemachte Gesichtspunkt der Gottebenbildlichkeit des menschlichen Individuums *sowohl* für die Einräumung eines Lebensrechtes relevant und ausreichend *als auch* realitätsgerecht und zutreffend?

Beginnen wir mit der ersten Frage: Ist die Gottebenbildlichkeit, wie sie die christlichen Kirchen verstehen, ein ausreichender Grund, jedem Wesen, dem diese Gottebenbildlichkeit von Gott durch die Beseelung verliehen wurde, ein Lebensrecht einzuräumen? Man mag vielleicht die so selbstverständlich klingenden oben zitierten Ausführungen, mit denen die Kirchen diese Frage bejahen, als unbefriedigend empfinden. Ganz sicher wäre zu dieser Frage – von theologischer wie von philosophischer Seite – mehr zu sagen.

Trotzdem erscheint die Position der Kirchen zu dieser Frage auf dem Hintergrund ihres eigenen Lehrgebäudes nicht schwer nachvollziehbar. Ein Individuum zu töten, das Gott auf Erden zu seinem »Statthalter« berufen hat und das er würdigt, im Himmel »an seiner Herrlichkeit teilzuhaben«, kann kaum als zulässig betrachtet werden. Nicht nur liegt darin ein Verstoß gegen die göttlichen Schöpfungsabsichten und gegen das göttliche Tötungsverbot – mit allen Folgen eines solchen Verstoßes für denjenigen, der ihn begeht bzw. zuläßt. Auch das getötete Wesen selbst wird in seinem Interesse

---

56 Daß der ausschlaggebende *Zeitpunkt* der »Beseelung« des menschlichen Individuums im Laufe dieser Tradition nicht immer mit dem Zeitpunkt der Befruchtung gleichgesetzt wurde (vgl. etwa Ranke-Heinemann 1988, 316 ff.), ist für die Art der Begründung sekundär.

als unsterbliches Geistwesen, die ihm von Gott auf Erden zugedachte Rolle und Bewährungsprobe uneingeschränkt nutzen zu können, gravierend verletzt. Und zwar trifft dies in besonderem Maße auf den Fötus zu. Denn der »Mord an den Ungeborenen bekommt eine ganz besondere Schwere, da er sie der Taufe und all ihrer Gnaden beraubt«[57].

Diese kirchliche Begründung für ein Lebensrecht ist deshalb auch nicht dem Vorwurf des Speziesismus ausgesetzt. Denn sie macht ja keineswegs die Zugehörigkeit zur menschlichen Spezies *als solche* zum Anknüpfungspunkt für ein Lebensrecht, sondern sie basiert auf der Annahme, daß gerade die Angehörigen dieser Spezies von Gott als seine Ebenbilder geschaffen und an die Spitze alles Lebenden berufen worden sind. Wenn diese Annahme aber zutrifft und auch den Fötus erfaßt, dann ist damit die Einräumung eines Lebensrechtes ja in der Tat, wie die Kirchen behaupten, auch für den Fötus der Sache nach begründet. Denn jene Eigenschaft der Beseeltheit bzw. Gottebenbildlichkeit, die den für das Lebensrecht ausschlaggebenden Gesichtspunkt bildet, besitzt der Fötus ebenso und in gleichem Maße wie das Kind oder der Erwachsene.[58] Daß der Fötus noch kein personales Wesen (im unter 4 erläuterten Sinn des Wortes) ist, ist unter diesen Umständen belanglos.

---

57 So Häring 1967, 409.
58 Mit vollem Recht weisen die Kirchen in ihrer Erklärung deshalb auch ausdrücklich und mehrfach darauf hin, daß der Fötus unter dem Gesichtspunkt seiner Gottebenbildlichkeit den *gleichen* Schutz wie der geborene Mensch verdient (Gemeinsame Erklärung 1989, 39 ff.; vgl. auch 68 f.). Zu den rechtspolitischen Konsequenzen dieser Sichtweise siehe oben unter 2.

Die für die Akzeptabilität dieser christlichen Position eines Lebensrechtes entscheidende Frage muß also lauten: Ist die genannte Annahme der Gottebenbildlichkeit des Menschen tatsächlich zutreffend? Auch diese Frage können wir nicht so eingehend erörtern, wie sie es verdienen würde. Es muß für unsere Zwecke ausreichen, auf folgendes hinzuweisen. Die genannte Annahme ist an eine Reihe von Voraussetzungen geknüpft – wie Existenz Gottes, Erschaffung der Welt durch Gott, Sonderstellung der menschlichen Spezies nach dem Willen Gottes –, die weder mit wissenschaftlichen noch mit philosophischen Mitteln hinreichend begründbar sind. Es wird im abendländischen Denken seit über zweihundert Jahren kaum noch bestritten, daß es sich bei diesen Voraussetzungen um spezifisch weltanschaulich-religiöse Glaubensinhalte handelt, die sich auf rein rationalem Wege nicht intersubjektiv vermitteln lassen.

Dies gilt insbesondere für die letztlich ausschlaggebende, dritte Voraussetzung der Sonderstellung der menschlichen Spezies im Kosmos: Unsere heutige Kenntnis von der Evolution der biologischen Arten im Lauf der natürlichen Entwicklungsgeschichte spricht nicht *für*, sondern *gegen* eine in irgendeiner Weise einzigartige Stellung des Menschen.[59] Und auch abgesehen von diesem Umstand gibt es für die Annahme einer »Beseeltheit« des Menschen im Sinne einer Ausstattung mit einer unsterblichen, vom physischen Verfall unab-

59 Näher Smart 1984.

hängigen psychischen Substanz keinerlei stichhaltige, rationale Gründe.[60]

Nach alledem ist die Voraussetzung der Gottebenbildlichkeit des Menschen als eine *außer*rationale Glaubensannahme einer bestimmten Religionsgemeinschaft zu betrachten. Derartige Glaubensannahmen mag man sich persönlich zu eigen machen oder nicht; sie jedoch zur Grundlage eines *strafrechtlichen Verbotes* zu machen, ist mit dem weltanschaulichen Toleranzgebot eines modernen, säkularen Staates völlig unvereinbar. Die strafrechtliche Verbotswürdigkeit der Abtreibung kann deshalb in unserer heutigen Gesellschaft *nicht* auf die Lehre von der Gottebenbildlichkeit des Menschen gestützt werden.

Gleiches gilt im übrigen für die Verbotswürdigkeit der Abtreibung im Rahmen einer allgemeinverbindlichen Sozialmoral. Daß gläubige Christen ihrerseits die Abtreibung ablehnen und sich entsprechend verhalten, steht hierzu in keinem Widerspruch: Die (rechtliche wie sozialmoralische) Erlaubtheit einer bestimmten Handlung hindert niemanden daran, aus persönlichen Gewissensgründen auf diese Handlung freiwillig zu verzichten sowie seine Mitmenschen zu einem entsprechenden Verzicht aufzurufen.[61]

---

60 Dies hat schon vor zweihundertfünfzig Jahren mit bis heute unwiderlegter Begründung der britische Aufklärungsphilosoph David Hume gezeigt (siehe Hume 1984).
61 Darüber hinaus stellt im Rahmen unserer derzeit geltenden Rechtsordnung Art. 2 des Fünften Strafrechtsreformgesetzes sicher, daß selbst im Rahmen eines bestehenden Rechtsverhältnisses niemand zur Mitwirkung an einem Schwangerschaftsabbruch verpflichtet ist.

Daß es legitim wäre, Abtreibungen mit Rücksicht auf die christliche Lehre von der Gottebenbildlichkeit des Menschen zu verbieten bzw. zu bestrafen, wird in unserer heutigen Gesellschaft in der Tat auch *offen* nicht behauptet. Um so häufiger begegnet man jedoch Argumenten für ein Abtreibungsverbot, die diese christliche Lehre in einer *verkleideten* Form zur Grundlage haben.

Gottebenbildlichkeit und Menschenwürde

Für eine derartige Verkleidung eignet sich besonders gut der Begriff der *Menschenwürde*, der hier wie in manchen anderen Kontexten dazu herhalten muß, den normativen Konsequenzen eines stillschweigend vorausgesetzten religiösen Menschenbildes eine scheinbar säkulare Legitimation zu geben. So lesen wir beispielsweise bei Süssmuth: »Das ungeborene braucht genauso wie das geborene Kind unseren Schutz und die Achtung seiner Würde.« Außerdem weist die Autorin gerade in diesem Zusammenhang bedeutungsvoll darauf hin, daß nach dem Grundgesetz für die Bundesrepublik Deutschland die »Würde des Menschen« unantastbar ist.[62] Was man aber unter einer solchen »Würde« eigentlich genau zu verstehen hat, läßt nicht nur Süssmuth in diesem Zusammenhang völlig offen: Die Berufung auf die »Würde des Menschen« und die Propagierung einer bestimmten normativen Forderung (im Sinne eines Abtreibungsverbotes) stehen zusammenhanglos nebeneinander.

62 Siehe Süssmuth 1987.

Wie könnte man den Begriff der Menschenwürde im vorliegenden Begründungszusammenhang zweckmäßigerweise verstehen? Verschiedene Antworten auf diese Frage erscheinen denkbar. So könnte man die Würde des Menschen in seiner Eigenschaft, ein Angehöriger der menschlichen Spezies zu sein, oder in seiner Eigenschaft, ein personales bzw. potentiell personales (vorpersonales) Wesen zu sein, erblicken. Es gibt jedoch, wie wir ausführlich gesehen haben, weder im Fall jedes Angehörigen der menschlichen Spezies noch im Fall eines vorpersonalen menschlichen Wesens für die Gewährung eines Lebensrechtes gute Gründe. Also gibt es auch für die Gewährung eines Lebensrechtes gegenüber Wesen, die im Sinne dieser Eigenschaften eine »Würde« besitzen, keine guten Gründe. Der Begriff der »Würde« hat, in diesem Sinn verstanden, keinerlei Begründungsfunktion. Allein eine im Sinne aktueller Personalität verstandene »Würde« stellt einen prinzipiellen ethischen Grund für die Einräumung eines Lebensrechtes dar; eine derartige »Würde« aber kommt dem Fötus, wie wir wissen, nicht zu.

Anders steht es jedoch mit der Eigenschaft der sogenannten »Gottebenbildlichkeit«. Sie führt, wie wir sahen, nicht nur zur Begründung eines Lebensrechtes, sondern kommt offenbar – sofern es sie denn gibt – jedem menschlichen Wesen mit Beginn seiner Existenz zu. Man braucht also nur die »Würde« des Menschen im Sinne seiner Gottebenbildlichkeit zu verstehen – und schon hat man im Sinne Süssmuths gezeigt, daß aus der Forderung nach Achtung der Menschenwürde ohne weiteres die Forderung nach einem Lebensrecht des Fötus folgt.

Diese oft stillschweigend, wenn nicht gar unbewußt vorausgesetzte Gleichbedeutung zwischen Menschenwürde und Gottebenbildlichkeit wird von den Kirchen und ihren Theologen nicht selten *ausdrücklich* vertreten. So lasen wir schon in den obigen Zitaten aus der Erklärung der Kirchen zum Lebensschutz von der »Gottebenbildlichkeit bzw. Würde des Menschen« sowie den aufschlußreichen Satz »der Mensch hat eine unverlierbare Würde, weil Gott ihn berufen hat«[63]. Außerdem heißt es in der Erklärung: »Die Gottebenbildlichkeit wird darum in der geistigen Welt des Christentums zu einem Zentralbegriff in der Beschreibung der besonderen Würde des menschlichen Lebens.«[64]

Lebt aber nicht unsere ganze Gesellschaft »in der geistigen Welt des Christentums«? Was liegt also näher, als daß unsere Politiker und Rechtsgelehrten die normativen Konsequenzen des christlichen Begriffs der Menschenwürde ohne weiteres übernehmen und diese Konsequenzen des *christlichen* Begriffs der Menschenwürde als die Konsequenzen des Begriffs der Menschenwürde *schlechthin* ausgeben?[65]

Dies geschieht in einigen Fällen sogar ganz bewußt. So schreibt einer unserer Verfassungsrechtler am Ende eines Abschnitts über »Die Menschenwürde als Wert«, für die »Effektuierung der Menschenwürde« genüge im Grunde »der Katalog der Zehn Gebote«.[66] Und ein anderer Verfassungsrechtler und Rechtsphilosoph weist

63 Siehe oben S. 116.
64 Gemeinsame Erklärung 1989, 39.
65 Mit Belegen für diese Praxis ließen sich problemlos mehrere Bände füllen.
66 Graf Vitzthum 1985, 206.

ausdrücklich auf das christliche Menschenbild als eine Grundlage der Menschenwürdegarantie unseres Grundgesetzes hin.[67]

Wie begegnet man unter dieser Voraussetzung aber dem Einwand, auf diese Weise bestimmte religiöse Glaubensannahmen ohne weiteres zum Inhalt des staatlichen Rechts zu machen? Etwa folgendermaßen: »Selbst wenn die Würde des Menschen, wie sie das Grundgesetz verbürgt, nicht unmittelbar aus der Gottebenbildlichkeit des Menschen hergeleitet werden kann, weil dies einen allen gemeinsamen Glauben voraussetzen würde, so folgt die Menschenwürdegarantie auch aus der säkularisierten humanistischen Vorstellung von der Einzigartigkeit jedes Menschen.«

Der Verfasser möchte den Begriff der Menschenwürde also offenbar nur »mittelbar« mit der besagten religiösen Glaubensannahme in Zusammenhang bringen. Wie das geschehen soll – und zwar geschehen soll, ohne daß die religiöse Neutralität des Staates verletzt wird –, bleibt freilich völlig im Dunkeln.

Was jedoch die vom Verfasser in diesem Zusammenhang bemühte »Einzigartigkeit jedes Menschen« angeht, so ist diese Einzigartigkeit eine biologische Trivialität, die ebenso wie auf den Menschen auch auf andere Lebewesen zutrifft.[68] Warum gerade die Einzigartigkeit jedes *menschlichen* Individuums (also auch des Fötus), nicht aber die Einzigartigkeit beispielsweise jedes *Katzen*individuums Berücksichtigung verdient, begründet der Verfasser mit keinem Wort.

67 Hierfür und für das folgende Zitat siehe Starck 1986, 14.
68 Vgl. schon oben S. 106.

Neben dem Würdebegriff wird im Zusammenhang mit der Abtreibungsfrage im übrigen auch der *Person*begriff häufig herangezogen, um den spezifischen Konsequenzen eines religiösen Menschenbildes eine scheinbar säkulare Rechtfertigung zu geben. Denn auch dem Personbegriff läßt sich in unserer Gesellschaft problemlos eine religiöse Deutung geben: »Der Begriff Person ist dabei die in einem einzigen Wort konzentrierte Zusammenfassung dessen, was die christliche Tradition über das Sein und die Würde des Menschen zu sagen hat«[69]. Mit anderen Worten: Personalität = Würde = Gottebenbildlichkeit.

In diesem Sinn des Wortes ist natürlich – unter Voraussetzung der entsprechenden, oben genannten christlichen Glaubensannahme der Gottebenbildlichkeit jedes menschlichen Individuums – auch der Fötus »Person«. Vielleicht hätten wir auch in diesem Sinn Süssmuth verstehen sollen (unter 5), wenn sie behauptet, »daß auch vorgeburtliches Leben personales menschliches Leben ist«[70]. Leider läßt Süssmuth die Frage nach der *Begründbarkeit* der besagten Glaubensannahme völlig offen. Die von ihr in diesem Zusammenhang zitierte »Wissenschaft«, die die Personalität des Fötus angeblich inzwischen bewiesen hat, scheint mit *dieser* Aufgabe – also mit der Aufgabe, die *Gottebenbildlichkeit* des Fötus (oder irgendeines anderen Lebewesens) zu beweisen – doch reichlich überfordert.

69 Gemeinsame Erklärung 1989, 42.
70 Süssmuth 1987.

Es läßt sich kaum leugnen, daß die normativen Konsequenzen einer spezifisch christlich verstandenen Menschenwürde sich im Bewußtsein vieler Zeitgenossen von ihrem religiösen Bezugspunkt zwar weitgehend abgelöst und verselbständigt haben, die rechtspolitischen Vorstellungen aber gleichwohl wesentlich bestimmen. So gesehen, stellt sich aber – was häufig übersehen wird – die eigentliche ethische Legitimationsfrage nach wie vor in gleicher Schärfe. Aus der Frage »Mit welchem Recht macht ein säkularer Staat *explizit* religiöse Glaubensannahmen zur Basis strafrechtlicher Verbote?« wird jetzt die Frage »Mit welchem Recht macht ein säkularer Staat *verdeckt* religiöse Glaubensannahmen zur Basis strafrechtlicher Verbote?« Ein strafrechtliches Verbot beispielsweise homosexueller Handlungen Erwachsener wird ja kaum dadurch weniger illegitim, daß jene, die es erlassen, seine weltanschauliche Grundlage sich nie klargemacht bzw. verdrängt haben.

Je größer der soziale Konsens in einer bestimmten moralischen Frage ist, um so größer ist die Wahrscheinlichkeit, daß die eigentlichen Ursachen und Gründe dieses Konsenses den Beteiligten unbewußt bleiben. Wer stellt schon in Frage, was allenthalben als selbstverständlich gilt? Man führe sich etwa jene Einstellung zur Sexualmoral vor Augen, wie sie in unserer Gesellschaft noch vor vierzig Jahren offiziell verbreitet war: Was die Kirchen und ihre Theologen lehrten, wurde von unseren Politikern und Gerichten in der selbstverständlichsten Weise als die »Normen des Sittengesetzes« und die

»sittliche Ordnung« propagiert und sanktioniert.[71] Erst als der sexualmoralische Konsens weitgehend zerbrach, wurde den Menschen langsam bewußt, daß man auf diesem Gebiet im Grunde seit Generationen eine spezifisch christliche Sichtweise jedem Bürger im Staate mit den Mitteln des Strafrechts aufgezwungen hatte.

Dieser Prozeß der Bewußtwerdung wird im Fall der Abtreibung derzeit noch dadurch verzögert, daß man die Alternative, um die es eigentlich geht, verdrängt. Zwar gibt es seit langem in unserer Gesellschaft die Kontroverse zwischen Anhängern und Gegnern freier Abtreibung. Diese Kontroverse wird jedoch fast ausschließlich auf dem Hintergrund der von beiden Seiten geteilten Voraussetzung eines Lebensrechtes des Fötus geführt: Man streitet *ausdrücklich* bloß darüber, wie sich dieses Lebensrecht am besten verwirklichen lasse. Daß eine weitgehende Freigabe der Abtreibung und eine Fristenregelung zu *diesem* Ziel ein geeigneter Weg sein soll, ist jedoch, wie wir unter 2 sahen, alles andere als einleuchtend. Das Maß an Selbsttäuschung und Heuchelei, das viele Politiker und Juristen offenbar aufbringen, um trotzdem diese Meinung vertreten zu können, ist erstaunlich. Solange beide Seiten in der Abtreibungskontroverse lediglich um mehr oder weniger faule Kompromisse streiten, ist mit einer breiteren Aufklärung über den in Wahrheit religiösen Charakter der beiden Seiten *gemeinsamen* Voraussetzung kaum zu rechnen.

71 So etwa vom Bundesgerichtshof (1987) in seinem 1954 erlassenen Urteil zur Begründung des Unzuchtvorwurfs gegenüber dem Verlobtenbeischlaf.

10. Abtreibung und Kindstötung

Das Ergebnis unserer bisherigen Untersuchung lautet: Sofern man nicht ein bestimmtes empirisch nicht faßbares religiöses Menschenbild voraussetzt, ist kein Grund ersichtlich, dem Fötus ein Lebensrecht durch Sozialmoral oder Rechtsordnung einzuräumen. Denn der einzige (weltanschauungsfreie) Grund für die Einräumung eines Lebensrechtes, der sich als ethisch stichhaltig erwiesen hat, besteht in der *Personalität* (in dem unter 4 erläuterten Sinn des Wortes) des betreffenden Wesens.

Diese Behauptung, wonach der einzige stichhaltige ethische Grund für die Einräumung eines Lebensrechtes in der Personalität des betreffenden Wesens besteht, ist jedoch, wie wir nunmehr sehen werden, präzisierungs- und ergänzungsbedürftig. Richtig ist die Behauptung nur dann, wenn wir unter einem »ethischen Grund« ausschließlich einen »*prinzipiellen* ethischen Grund« verstehen. Nicht richtig ist sie jedoch, sofern wir unter einem »ethischen Grund« *außer* einem »*prinzipiellen* ethischen Grund« *auch* einen »*pragmatischen* ethischen Grund« verstehen. Warum das so ist und was mit einem pragmatischen ethischen Grund gemeint sein soll, wird das folgende Beispiel im einzelnen zeigen.

Idealnorm und Praxisnorm

Zweifellos gibt es einen guten *prinzipiellen* ethischen Grund für ein Verbot, das Leben von Menschen, die am Straßenverkehr teilnehmen, zu gefährden. Würde es aber ausreichen, in Recht und Sozialmoral lediglich eine entsprechend lautende Verbotsnorm zu haben? Offenbar nicht. Denn die Norm »Gefährde nicht das Leben von Verkehrsteilnehmern« ist in ihrem Gehalt zu allgemein und zu unbestimmt, als daß sie Bürgern und Polizei als alleiniger Maßstab normgemäßen Verhaltens im Straßenverkehr dienen könnte. Konkretere und spezifischere Normen wie »Halte bestimmte Geschwindigkeitsbeschränkungen ein« und »Führe mit einem Blutalkoholgehalt von mehr als 1‰ kein Kraftfahrzeug« sind offenbar unverzichtbar.

Dabei haben derartige Normen insofern eine *pragmatische* Funktion, als ihre Befolgung – anders als die Befolgung der zugrunde liegenden prinzipiell begründeten Norm – nicht per se, sondern nur *unter den vielfältigen Bedingungen des realen Soziallebens* dem Zweck der prinzipiell begründeten Norm dient. Je mehr eine Gesellschaft sich in Richtung einer modernen Industrie- und Massengesellschaft entwickelt, um so stärker werden die pragmatischen Gründe – jedenfalls in den wichtigen Lebensbereichen – für möglichst klare und schematische Regelungen.

Wir wollen eine prinzipiell begründete Norm als »Idealnorm« und eine pragmatisch begründete Norm als »Praxisnorm« bezeichnen. Dann können wir sagen, daß eine Praxisnorm dadurch – im pragmatischen Sinn – begründet ist, daß erstens ihre Aufnahme[72] in das Recht bzw. die Sozialmoral dem Ziel einer bestimmten Idealnorm in der sozialen Realität möglichst effektiv – jeden-

---

72 Genauer: Ihre Aufnahme entweder allein oder zusammen mit weiteren Praxisnormen.

falls effektiver als die Aufnahme allein dieser Idealnorm – dient und daß zweitens diese größere Effektivität eventuell vorhandene Nachteile der Aufnahme dieser Praxisnorm überwiegt.

Wir wollen uns dies am Beispiel der möglichen Praxisnorm, die das Führen eines Kraftfahrzeuges mit einem Blutalkoholgehalt von mehr als 1‰ verbietet, klarmachen. Nennen wir diese Norm V_I. Es dürfte auf der Hand liegen, daß eine Rechtsnorm V_I dem Ziel, das Leben von Verkehrsteilnehmern nicht zu gefährden, im Verkehrsbereich »Alkohol am Steuer« sehr viel wirksamer dient als eine Rechtsnorm V »Gefährde nicht das Leben von Verkehrsteilnehmern«. V_I ist – aus sozialpsychologischen Gründen mannigfacher Art – ungleich praxistauglicher als V.

Trotzdem hat V_I gegenüber V auch Nachteile: Es gibt Leute, die sich – zumindest gelegentlich – derart unter Kontrolle haben, daß sie mit 1‰ Blutalkoholgehalt tatsächlich das Leben von Verkehrsteilnehmern in keiner Weise gefährden (ja sicherer fahren als viele Leute ohne jeden Blutalkoholgehalt). Doch auch diese Leute werden durch V_I in ihrer Freiheit, am Straßenverkehr teilzunehmen, eingeschränkt. Dieser Nachteil von V_I ist nun zwar als solcher bedauerlich; er wird aber ohne Zweifel durch den genannten Vorteil, den V_I gegenüber V hat, mehr als aufgewogen: Die weit größere Schutzwirkung von V_I ist es wert, durch eine gewisse Einbuße an Freiheit erkauft zu werden. Lediglich unter (nahezu) *idealen* sozialpsychologischen Rahmenbedingungen, unter denen bereits die Idealnorm V von (nahezu) sämtlichen potentiellen Verkehrsteilnehmern, die alkoholisiert sind, tatsächlich befolgt würde, wäre diese Einbuße an Freiheit überflüssig. Mit derart idealen Rahmenbedingungen in der Wirklichkeit zu rechnen, wäre jedoch offensichtlich utopisch.

Was folgt daraus für die Normierung eines Lebensrechtes für menschliche Wesen unter dem Gesichtspunkt ihrer Personalität? Wir hatten gesehen, daß es einen *prinzipiellen* ethischen Grund für die Einräumung eines Lebensrechtes nur in bezug auf Personen gibt. Gibt es aber vielleicht einen *pragmatischen* ethischen Grund für die Einräumung eines Lebensrechtes auch in bezug auf gewisse Nicht-Personen, insbesondere Föten?

Das hängt nach dem oben Ausgeführten davon ab, welche *Praxisnorm* im Bereich des Lebensrechtes begründbar ist. Daß die *Idealnorm* »Alle Personen besitzen ein Recht auf Leben« (bzw. »Es ist verboten, eine Person zu töten«) zweckmäßigerweise nicht – jedenfalls nicht allein – in Sozialmoral und Recht aufgenommen werden kann, daß also *irgendeine*, dieser Idealnorm in der sozialen Realität überlegene Praxisnorm gesucht werden muß, liegt auf der Hand: Es steht einem Lebewesen nicht auf die Stirn geschrieben, ob es eine Person ist oder nicht. Person wird ein Wesen vielmehr in einem langsamen, kontinuierlichen Prozeß, von dem man nicht einmal Beginn und Ende präzise angeben kann. Auch vollzieht sich dieser Prozeß nicht bei jedem Individuum in gleicher Weise.[73]

Wie könnte unter diesen Umständen nun eine Praxisnorm lauten, die im Unterschied zu der Idealnorm »Es ist verboten, eine Person zu töten« hinreichend bestimmt ist, um den Schutz von Personen in der sozialen

---

73 Vgl. schon oben S. 79 f. und S. 85 f.

Realität möglichst wirksam zu gewährleisten? Durchschlagende Erwägungen sprechen dafür, in der gesuchten Praxisnorm anstelle des Personbegriffs den Begriff des *geborenen menschlichen Individuums* als Anknüpfungspunkt zu nehmen. Danach wäre es im *pragmatischen* Sinn begründet, jedem geborenen menschlichen Individuum ein Lebensrecht einzuräumen bzw. die Tötung jedes geborenen menschlichen Individuums zu verbieten. Worin bestehen diese Erwägungen?

Erstens ist die Geburt ein Einschnitt in der Entwicklung des menschlichen Individuums, *vor* dem mit absoluter Sicherheit noch kein personales Leben vorhanden ist.[74] Diese Erwägung ist besonders wichtig; denn das Leben einer Person ist offensichtlich ein Wert von derartig hohem Rang, daß ein solches Leben *im Zweifelsfall* stets zu schützen ist.

Zweitens ist die Geburt der einzige Einschnitt in der Entwicklung des menschlichen Individuums, der auf den ersten Blick und ohne die geringsten weiteren Kenntnisse für jedermann – ob Bürger oder staatliches Sanktionsorgan – problemlos feststellbar ist.

Es ist demnach offensichtlich, daß dem Ziel der Idealnorm P (»Es ist verboten, eine Person zu töten«) eine Legalisierung der Praxisnorm P_1 (»Es ist verboten, ein geborenes menschliches Individuum zu töten«) in der sozialen Realität weitaus effektiver dient als eine (alleinige) Legalisierung von P selbst.[75] Es ist außerdem so,

74 Siehe oben S. 80.
75 Möglicherweise müssen neben P_1 zur Förderung des Ziels von P noch weitere Praxisnormen treten, die das Leben gewisser Tiere schützen, die Personalität besitzen. Vgl. hierzu Singer 1984, Kapitel 5.

daß eine andere Praxisnorm, die dem Ziel von P noch effektiver als P_I dienen würde, nicht ersichtlich ist. Insbesondere auf ein – wie immer im einzelnen geartetes – Verbot der Abtreibung würde diese Bedingung *nicht* zutreffen. Es ist nämlich weder durch irgendwelche Erfahrungen belegt noch sonstwie plausibel, daß ein Verbot der Abtreibung in der sozialen Realität *in irgendeiner Weise* einen erhöhten Schutz geborenen (und somit möglicherweise auch personalen) menschlichen Lebens zur Folge hat.[76]

Drittens schließlich ist die Geburt ein Einschnitt, der in der Entwicklung des menschlichen Individuums nicht allzu weit (nämlich nur einige Monate) vom Auftreten der ersten Spuren personalen Lebens entfernt liegt.[77] Insofern halten sich die Nachteile, die auch mit P_I wie mit nahezu jeder Praxisnorm verbunden sind, in engen Grenzen. Diese Nachteile bestehen offensichtlich darin, daß P_I mit der Tötung von Neugeborenen und Kleinstkindern auch Handlungen verbietet, die von dem der Idealnorm P zugrunde liegenden Ziel nicht erfaßt werden, daß P_I also insofern eine unnötige Freiheitsbeschränkung zur Folge hat.

Diese Nachteile sind jedoch vergleichsweise gering.

76 Die Geschichte des Christentums und des Nationalsozialismus macht vielmehr deutlich, wie problemlos offenbar eine durchaus restriktive Abtreibungsregelung mit einem sehr geringen Respekt für *geborenes* Menschenleben einhergehen kann. Man denke an Kriege, Ketzer- und Judenverfolgungen, Jagd auf Hexen und Homosexuelle sowie den freizügigen Umgang mit der Todesstrafe.

77 Es gibt Hinweise darauf, daß diese ersten Spuren mit Beginn des vierten Lebensmonats nach der Geburt auftreten (siehe Tooley 1983, 411).

Man muß nämlich bedenken, daß ein Verzicht auf das Verbot der Kindstötung (bis zu einem gewissen Alter) ohnehin lediglich unter der Voraussetzung diskutabel ist, daß diese Kindstötung von der Einwilligung der Eltern getragen ist; andernfalls stehen die – offenkundig äußerst gravierenden – Elterninteressen jeder Kindstötung entgegen.

Dies ist nun zwar im Fall der Abtreibung prinzipiell nicht anders: Auch eine Abtreibung ohne Einwilligung der Eltern (bzw. der Schwangeren) ist selbstverständlich im Elterninteresse verbotswürdig. Trotzdem besteht in der sozialen Realität insoweit ein bedeutsamer Unterschied: Eltern sind an der Tötung ihres Kindes de facto ungleich seltener interessiert als an der Tötung ihres Fötus. Die in dem Verbot der (von einer Einwilligung getragenen) Kindstötung liegende Freiheitsbeschränkung ist also vergleichsweise gering.

Kindstötung und Pragmatik

Trotzdem läßt sich die Frage aufwerfen, ob es nicht vielleicht eine Praxisnorm gibt, die unter dem Gesichtspunkt der Kindstötung gegenüber P_1 den Vorzug verdient. Wäre nicht beispielsweise eine Norm P_2, welche die Tötung menschlicher Individuen (durch ihre Eltern bzw. mit deren Einwilligung) erst von Beginn des zweiten Lebensmonats an verbietet, gegenüber P_1 vorzugswürdig?[78] Denn würde P_2 im Vergleich mit P_1 nicht einerseits personales menschliches Leben ebensogut

78 Für eine Norm dieses Inhalts plädiert Singer 1984, 171.

schützen, andererseits aber den Eltern von Kleinstkindern einen größeren Handlungsspielraum gewähren?

Diese Frage geht zwar strikt genommen über die Abtreibungsthematik hinaus; denn in bezug auf die Regelung der Abtreibung besteht zwischen P_1 und P_2 ja kein Unterschied. Trotzdem möchte ich der Frage an dieser Stelle aus folgendem Grund nicht ausweichen. Wer wie ich die Einräumung eines Lebensrechtes gegenüber Föten wegen fehlender Personalität für unbegründet hält, sieht sich nicht selten mit diesem Argument konfrontiert: Wenn du Föten wegen mangelnder Personalität kein Lebensrecht zugestehen willst, dann darfst du konsequenterweise aus demselben Grund auch Kleinstkindern (bis zum Beginn ihrer Personalität) kein Lebensrecht zugestehen. Dieses Ergebnis aber ist absolut untragbar. Folglich ist bewiesen, daß die Personalität für die Einräumung eines Lebensrechtes nicht der entscheidende Gesichtspunkt sein kann.[79]

Zu diesem Argument ist folgendes zu sagen: In ihm wird ein ganz unzulässiger philosophischer Gebrauch von isolierten moralischen Intuitionen gemacht. Solche Intuitionen sind nur allzu häufig das Resultat von bloßen Emotionen sowie von völlig unkritisch übernommenen Traditionen und Vorurteilen. Eine theoretisch wohlbegründete Idealnorm (wie die Norm, die das Töten von Nicht-Personen erlaubt[80]) kann sinnvollerweise nicht wegen kontraintuitiver Konsequenzen (wie

79 In diesem Sinne etwa Spaemann 1988, 14.
80 Genauer: unter gewissen (nicht sehr gravierenden) Bedingungen erlaubt (vgl. oben S. 94 f.).

der Konsequenz der Erlaubnis der Kindstötung) zur Disposition gestellt werden. Rational gefordert ist vielmehr umgekehrt die Bereitschaft, aus einer wohlbegründeten Idealnorm – im Zusammenhang mit den relevanten empirischen Rahmenbedingungen – in unvoreingenommener Weise die sich jeweils ergebenden Praxisnormen abzuleiten.

Da ich die Idealnorm P, welche die Tötung von Nicht-Personen zuläßt, für begründet halte, bin ich grundsätzlich bereit, auch die Praxisnorm P_2, welche die Kindstötung (bis zu einem gewissen Alter) zuläßt, zu akzeptieren – *falls* P_2 tatsächlich aus P und den relevanten empirischen Annahmen ableitbar ist. Unter dieser soeben genannten Voraussetzung wäre ich in der Tat nur dann bereit, von P_2 abzurücken, wenn man mich von der Unbegründetheit von P überzeugen könnte. Es ist also die prinzipielle Ebene der Idealnorm P, auf der die eigentliche philosophisch-ethische Auseinandersetzung stattfinden muß!

In Wahrheit halte ich es jedoch keineswegs für richtig, daß P_2 unter Gesichtspunkten der Praxis die aus P ableitbare Konsequenz ist. Ich bin vielmehr der Überzeugung, daß die oben schon erörterte Praxisnorm P_1 vor der Praxisnorm P_2 durchaus den Vorzug verdient. Warum bin ich dieser Überzeugung?

Ich meine, daß die geringfügigen *Vorteile* von P_2 für die Handlungsfreiheit der betroffenen Eltern die erheblichen *Nachteile* von P_2 für den Schutz personaler Wesen nicht aufwiegen. Wieso hat die Norm P_2 trotz ihrer doch eher vorsichtig erscheinenden Fixierung der Einmonatsgrenze Nachteile für den Schutz personaler Wesen? Die Gründe hierfür lassen sich, auf ei-

nen knappen Nenner gebracht, wie folgt zusammenfassen.[81]

Die in P_1 enthaltene Geburtsgrenze ist in der Praxis ungleich einfacher zu erkennen als die in P_2 enthaltene
Einmonatsgrenze. Das bedeutet, daß P_2 bei der Norm-
befolgung durch den Bürger ebenso wie bei der Entdek-
kung und der Sanktionierung von Normverletzungen
durch die Rechtsorgane in der Praxis eine ungleich größere Fehlerquote aufweisen wird als P_1. Daß von dieser
Fehlerquote in Einzelfällen aber auch menschliches Leben, das bereits ein personales Stadium erreicht hat, erfaßt wird, läßt sich naturgemäß nicht ausschließen.

Außerdem erscheint es durchaus fragwürdig, ob die
prinzipiell ethische, philosophische Begründung mit-
tels der Personalität, die der Festlegung der Einmonatsgrenze zugrunde liegt, den durchschnittlichen Bürger
intellektuell und emotional nicht erheblich überfordert.
Meine Vermutung, daß dies der Fall ist, wird etwa
durch die weitgehend verzerrte und inadäquate Wie-
dergabe, welche die Singersche Moralphilosophie mit
ihrem Personalitätskriterium in der jüngsten öffentlichen Diskussion in Deutschland gefunden hat,[82] voll
bestätigt.

Nun könnte man meinen, daß insofern P_1 gegenüber P_2
doch keine Vorzüge genieße, da ja auch P_1 letztlich auf
dem Personalitätskriterium basiert. Das ist sicher richtig, was die *eigentliche Begründung* von P_1 angeht: P_1
und P_2 sind insoweit nicht mit unterschiedlichen intellektuellen Anforderungen verbunden. Das bedeutet

81 Eingehender Hoerster 1990b.
82 So beispielsweise durchgängig in dem Sammelband Bastian
(Hrsg.) 1990.

aber nicht, daß die Norm P_1 mit ihrer Geburtsgrenze *als solche* nicht dem Durchschnittsbürger sehr viel leichter einsichtig und akzeptabel erscheinen wird als die Norm P_2 mit ihrer Einmonatsgrenze. Für die allermeisten Menschen besteht nun einmal zwischen der Tötung eines Fötus und der Tötung eines Kleinstkindes ganz intuitiv ein gravierender moralischer Unterschied. Dies gilt selbst für solche Leute, die auch die Abtreibung durchaus für verbotswürdig halten: Auch sie halten die Abtreibung in aller Regel keineswegs für ebenso gravierend wie die Kindstötung.

Dabei dürfte die Ursache dieser unterschiedlichen moralischen Einstellung primär in den unterschiedlichen emotionalen Reaktionen liegen, die ein Fötus einerseits und ein Kleinstkind andererseits beim durchschnittlichen Betrachter auslösen. Das Bemühen, diese unterschiedliche moralische Einstellung mit Argumenten, wie ich sie hier erörtere, beim Durchschnittsbürger in Frage zu stellen, erschiene recht unrealistisch.

Nun sollten festgefügte und allgemein verbreitete moralische Intuitionen zwar in keinem Fall, wie schon gesagt, vom Ethiker als sakrosankt hingenommen werden. Trotzdem aber sollten solche Intuitionen bei der Begründung von *Praxisnormen* – also auf der pragmatischen im Unterschied zur prinzipiellen Begründungsebene – als *ein* Faktor neben anderen stets mitberücksichtigt werden.

Nehmen wir jedoch einmal an, der Durchschnittsbürger könne seine Hemmungen gegen eine Freigabe der Kindstötung wider Erwarten abbauen: Ist es wahrscheinlich, daß er die Grenze zur verbotenen Tötung eines Menschen dann im Sinne der Einmonatsfrist ziehen würde? Da er, wie gesagt, das Personalitätskriterium und seine pragmatisch begründete Umsetzung schwerlich nachvollziehen wird, wohl kaum. Er würde nunmehr wohl auch die Tötung älterer Kleinstkinder für diskutabel halten und letzten Endes vielleicht eine Regelung befürworten, die auch bereits im Frühstadium ihrer Entwicklung befindliche *Personen* schutzlos läßt. Diese Vermutung wird tatsächlich durch die ethnologischen Befunde über die Praxis der Kindstötung, wie sie in verschiedenen früheren Gesellschaften in unterschiedlicher Form akzeptiert war, durchaus bestätigt.[83]

Alles in allem wird man kaum leugnen können, daß die Praxisnorm P_2 gegenüber der Praxisnorm P_1 gravierende Nachteile besäße. Insbesondere wäre der Schutz menschlicher Personen durch P_2 nicht in demselben Maße wie durch P_1 sichergestellt. Da der Schutz menschlicher Personen aber in Sozialmoral und Rechtsordnung gerade vom Standpunkt individueller Interessen von überragender Bedeutung ist, kann dieser Nachteil von P_2 durch den relativ geringfügigen Vorteil größerer Handlungsfreiheit für die betroffenen Eltern nicht aufgewogen werden.[84]

Wir dürfen also festhalten: Es gibt durchaus gute und überzeugende Argumente *pragmatischer* Art dafür,

83 Vgl. näher Hoerster 1990b, 237.
84 Die Zusprechung eines Lebensrechtes mit der Geburt im Sinne von P_1 ist jedoch nicht unvereinbar mit einer Zulassung der Tötung von schwerstbehinderten Kleinstkindern, *sofern* eine solche Tötung im wohlverstandenen *Eigen*interesse dieser Kleinstkinder liegt und deshalb durch die Voraussetzungen einer legitimen Sterbehilfe gedeckt ist. Vgl. Hoerster 1990b, 242 ff. sowie Hoerster 1991b.

selbst unter der von mir vertretenen Voraussetzung, daß der einzige *prinzipielle* Grund für die Einräumung eines Lebensrechtes die Personalität eines Lebewesens ist, in der sozialen Realität *jedem menschlichen Individuum mit der Geburt* ein eigenständiges Lebensrecht durch Sozialmoral und Rechtsordnung einzuräumen.

Tötungsverbot und Lebensfähigkeit

Dieses Lebensrecht muß konsequenterweise auch Frühgeburten zustehen. Daß deshalb beispielsweise ein im siebten Schwangerschaftsmonat geborenes Kind im Gegensatz zu einem im achten Schwangerschaftsmonat befindlichen Fötus bereits ein Lebensrecht genießt, stellt aus den angeführten pragmatischen Gründen keinen Widerspruch dar.

Auf der in diesem Zusammenhang bedauerlichen Verwechslung zwischen prinzipieller und pragmatischer Ebene beruht im übrigen die nicht selten vertretene Position eines fötalen Lebensrechtes mit Beginn der *Lebensfähigkeit*: Man mißdeutet das pragmatisch begründete Lebensrecht jedes *geborenen* menschlichen Individuums als prinzipiell begründet und schließt auf ein entsprechendes Lebensrecht *jedes* menschlichen Individuums gleichen Entwicklungsstandes. Doch schon unser geltendes Strafrecht lehnt diesen Schluß ab, insofern es zwar die Tötung einer Frühgeburt, nicht aber die Abtreibung im Spätstadium als Tötung eines Menschen behandelt.[85]

85 Vgl. § 217 Strafgesetzbuch.

Falls es eines Tages möglich sein sollte, menschlichen Nachwuchs völlig außerhalb des Mutterleibes aufzuziehen, müßte für *derartige* Fälle eine *eigene* Grenze festgelegt werden.

Tötungsverbot und Geisteskranke

Mit ganz entsprechenden pragmatischen Argumenten läßt sich auch die Norm begründen, einem geborenen menschlichen Wesen in seinem späteren Leben sein Lebensrecht unter keinen Umständen wieder zu entziehen.[86] Es mag zwar zutreffen, daß es gewisse *Geisteskranke* gibt, die ihre Personalität (in dem ethisch relevanten Sinn) uneingeschränkt verloren bzw. nie besessen haben. An welche Kriterien aber könnte eine *Praxisnorm* anknüpfen, um diese menschlichen Individuen vom Lebensrecht auszuschließen? Eine eindeutig umrissene, in der Praxis absolut fehlerfrei identifizierbare Kategorie von Geisteskranken, die sämtlich und ohne jeden Zweifel keinerlei Personalität besitzen, läßt sich offenbar nicht definieren.

Die Erfahrungen der Nazizeit sind mehr als ausreichend, um zu zeigen, zu welch katastrophalen Folgen für den Lebensschutz von Personen die Freigabe der Tötung gewisser Geisteskranker in der sozialen Realität führen kann. Man braucht keineswegs abzustreiten, daß die Nazis auch solchen menschlichen Wesen das Lebensrecht absprachen, die keine Spur von Personalität erkennen ließen. Die Tötung dieser Wesen durch die

---

86 Zum folgenden ausführlicher Hoerster 1991d, 503 f.

Nazis stand jedoch in einem nicht trennbaren Zusammenhang mit der vieltausendfachen Tötung von Wesen, denen aus Gründen ihrer Personalität ohne Zweifel aus *prinzipiellen* Gründen ein Lebensrecht zustand.[87] Um das Lebensrecht derartiger Personen in der sozialen Realität unter allen Umständen zu garantieren, muß aus *pragmatischen* Gründen auch all jenen geborenen menschlichen Wesen, die *keine* Personen sind, ein uneingeschränktes Lebensrecht zugesprochen werden.

Es ist also tatsächlich wohlbegründet, absolut *jedem* geborenen menschlichen Wesen ein Recht auf Leben durch Sozialmoral und Rechtsordnung einzuräumen. Weil das aber der Fall ist, ist es ebenfalls wohlbegründet, absolut *jedes* menschliche Wesen vom Zeitpunkt seiner Geburt an als *Mensch* zu bezeichnen. Denn daß allen »Menschen« ein Recht auf Leben zusteht, ist – auf der Basis des oben von mir vertretenen Sprachgebrauchs[88] – eine analytische Wahrheit. Einen entsprechenden Grund, auch Föten als Menschen zu bezeichnen, gibt es dagegen nicht, da Föten, wie wir gesehen haben, ein Recht auf Leben nicht zusteht.

Dem Durchschnittsbürger erscheint es in unserer Gesellschaft gewöhnlich als moralische Selbstverständlichkeit, daß jedenfalls allen *geborenen* menschlichen Wesen – einfach deshalb, weil sie *Menschen* sind – ein Recht auf Leben zukommt. Diese moralische Einstellung verdient von dem in dieser Abhandlung vertretenen Standpunkt aus uneingeschränkte Billigung und Bestärkung.[89] Der weitergehende Anspruch, jeder-

---

87 Vgl. im einzelnen etwa Klee 1983.
88 Siehe S. 65 f.
89 Nota bene: Diese Einstellung ist durchaus nicht identisch mit

mann über die eigentlichen Gründe dieser Einstellung aufzuklären, wäre überzogen. Leute, die durch prinzipielle Argumente intellektuell oder emotional überfordert sind, uneingeschränkt über die *Grundlagen* ihrer Überzeugungen aufklären zu wollen, muß im moralischen nicht anders als im wissenschaftlichen Bereich als illusorisch betrachtet werden.

dem in Kapitel 3 abgelehnten Speziesismus. Denn erstens ist sie durch sachlich relevante Erwägungen begründet, und zweitens beinhaltet sie keineswegs ein Lebensrecht für *jeden* Angehörigen der menschlichen Spezies.

Schluß: Ergebnis und rechtspolitische Folgerungen

Das Ergebnis der bisherigen Untersuchung läßt sich wie folgt zusammenfassen:

1. Der Fötus ist ein menschliches Individuum. Wenn sich ein Lebensrecht für jedes menschliche Individuum begründen ließe, so wäre damit – außer im Fall einer eng definierten medizinischen Indikation – auch ein Abtreibungsverbot begründet.

2. Ein überzeugender Grund für die Einräumung eines Lebensrechtes ist das Überlebensinteresse, das personale Wesen haben. Zwar sind menschliche Individuen typischerweise personale Wesen. Doch gerade Föten besitzen die Eigenschaft der Personalität mit Sicherheit noch nicht.

3. Das Überlebensinteresse von Föten als bloß empfindungsfähigen Wesen ist prinzipiell so unbedeutend, daß es im Konfliktfall den Interessen der Schwangeren zu weichen hat.

4. Im Hinblick auf seine spätere, personale Existenz besitzt der Fötus kein Überlebensinteresse, das verletzt werden könnte. Eine Abtreibung verhindert vielmehr – nicht anders als eine Empfängnisverhütung – die Entstehung eines künftigen Überlebensinteresses.

5. Unter bevölkerungspolitischen Gesichtspunkten sind Föten gegeneinander austauschbar. Bevölkerungspolitisch läßt sich deshalb ein Zwang zum Austragen der konkreten Schwangerschaft nicht begründen.

6. Die Achtungsgefühle, die dem Fötus in der Öffent-

lichkeit entgegengebracht werden, sind in einer freiheitlichen Gesellschaft nicht geeignet, ein Abtreibungsverbot gegenüber der Schwangeren zu legitimieren.

7. Daß ein Wesen von Gott mit einer unsterblichen Seele ausgestattet ist, mag einen hinreichenden Grund darstellen, diesem Wesen ein Lebensrecht einzuräumen. Daß diese Bedingung auf den Fötus zutrifft, ist jedoch eine religiöse Glaubensannahme, die in einem säkularen Staat nicht zur Grundlage des Strafrechts gemacht werden darf.

8. Ein Tötungsverbot auf säkularer Grundlage schließt zwar nicht den Fötus, wohl aber jeden geborenen Menschen ein.

Gesundheitsinteressen der Schwangeren

Daß der Fötus als Schutzgut einer strafrechtlichen Abtreibungsregelung nicht in Betracht kommt, führt nicht automatisch zu der Konsequenz, daß sich keinerlei Abtreibungsverbot begründen läßt. Es könnte immerhin der Fall sein, daß gewisse Verbote im Bereich der Abtreibung mit Rücksicht auf das *Eigeninteresse* der Schwangeren als legitim zu betrachten sind. Nicht ganz abwegig unter diesem Gesichtspunkt erscheinen vor allem 1. das Verbot einer Abtreibung im späteren Stadium der Schwangerschaft und 2. das Verbot jeder Abtreibung durch einen Nicht-Arzt. Aus den folgenden Erwägungen heraus bin ich im Ergebnis jedoch der Auffassung, daß die Argumente für solche Verbote bei unvoreingenommener Betrachtung nicht ausreichen. Als wenig stichhaltig erscheint allerdings der grundsätzliche Einwand, der Staat dürfe überhaupt keine Verbote zum Selbstschutz des von dem Verbot Betroffenen aufstellen. Es ist nicht einzusehen, warum der Staat dort, wo es um eine massive und dauerhafte Schädigung wichtigster individueller Rechtsgüter wie Leben und Gesundheit geht, den Bürger nicht in einem gewissen Maß auch vor eigener Unvorsichtigkeit und eigenem Leichtsinn schützen darf. Das gilt jedenfalls insoweit, als zwar nicht die *Selbst*schädigung als solche, aber doch die *Fremd*schädigung mit Einwilligung unter Strafe gestellt wird.

So vorzugehen, ist mit dem in dieser Schrift vertretenen Interessenansatz durchaus vereinbar. Denn man kann annehmen, daß der aufgeklärte Normalbürger die in einem solchen Vorgehen liegende normative Einschränkung seiner Selbstbestimmung selbst billigen würde. Wer sogar eine solche Form von »Paternalismus« ablehnt, müßte ein staatliches Verbot beispielsweise auch von einverständlicher Tötung, Verstümmelung oder Drogenschädigung *unter allen Umständen* ablehnen.

Eine ganz andere Frage jedoch ist es, ob die Voraussetzungen eines in diesem Sinn legitimen Verbotes einer Fremdschädigung mit Einwilligung im Fall gewisser Formen der Abtreibung typischerweise erfüllt sind. Bei der Erörterung dieser Frage erscheint es zweckmäßig, zwischen den physischen und den psychischen Schäden, die mit einer Abtreibung für die Schwangere verbunden sein können, zu unterscheiden.

Zunächst zu den möglichen physischen Schäden. Auch solche Schwangerschaftsabbrüche, die von Ärzten im Rahmen der Legalität durchgeführt werden, sind – wie jeder operative Eingriff – nicht vollkommen risikolos:

Es gibt sowohl Früh- wie auch Spätkomplikationen; letztere können sich insbesondere auch auf künftige Schwangerschaften der betroffenen Frau auswirken. Dabei sind die auftretenden Komplikationen in Schwere und Häufigkeit von einer Reihe von Faktoren abhängig, unter denen insbesondere die fachliche Kompetenz des Arztes sowie das Stadium der Schwangerschaft stark ins Gewicht fallen.[90]

Bei jeder Beurteilung dieser Risiken muß jedoch bedacht werden, daß auch die Entbindung als Alternative zum Schwangerschaftsabbruch keineswegs risikolos ist. Was jedenfalls die *Mortalitätsrate* angeht, so ist diese bei Entbindungen sogar erheblich höher als bei legalen Schwangerschaftsabbrüchen.[91] Ja, das Mortalitätsrisiko erweist sich, was manchen überraschen mag, bei der Entbindung sogar als höher als bei einem Schwangerschaftsabbruch im *Spätstadium*.[92]

Angesichts solcher Befunde dürfte sich jeder weitere Gedanke an ein Verbot ärztlichen Schwangerschaftsabbruchs zum Schutz der Schwangeren vor physischen

---

90 Siehe Bräutigam/Grimes 1984, 31 ff.
91 Die Form, in der etwa Bräutigam/Grimes (1984, 59) auf diese Tatsache hinweisen, ist allerdings für eine wissenschaftliche Untersuchung ebenso befremdlich wie für eine gewisse Mentalität aufschlußreich: »Manches Mal wird in Diskussionen der Versuch unternommen, Unvergleichbares zu vergleichen. Das ist nach unserer Auffassung auch der Fall, wenn gelegentlich die höhere Mortalität von Schwangerschaft, Geburt und Wochenbett verglichen wird mit der niedrigeren Mortalität eines legalen Aborts.« – Womit soll man die Folgen einer Abtreibung für die Schwangere denn sonst vergleichen, wenn nicht mit den Folgen einer Entbindung?
92 So für die USA ausdrücklich Tietze/Henshaw 1986, 110 f.

Schäden verbieten. Selbst wenn das *nicht-tödliche* Gesundheitsrisiko beim Schwangerschaftsabbruch größer als bei der Entbindung sein sollte: Die Entscheidung zwischen den physischen Gesamtrisiken der beiden Alternativen muß die Schwangere, für die schließlich noch andere wichtige Faktoren in der Waagschale liegen, im Einzelfall selbst treffen.

Selbst für ein Verbot im zweiten oder dritten Drittel der Schwangerschaft (»Fristenregelung«) besteht insoweit kein ausreichender Grund. Zwar ist eine frühere gegenüber einer späteren Abtreibung unter gesundheitlichen Gesichtspunkten vorzugswürdig. Deshalb werden sich auch die betroffenen Frauen, falls hinreichend aufgeklärt und mit der Möglichkeit legaler Abtreibung konfrontiert, in der Regel ohnehin für einen frühen Zeitpunkt entscheiden. Trotzdem sind durchaus Umstände denkbar, unter denen eine Frau ein nachvollziehbares Interesse an einem erst späteren Abbruch haben kann. Man denke etwa an den Fall, in dem eine Schwangere sich zu einem Abbruch erst entschließt, nachdem ihr Partner sie verlassen hat. Ein hinreichender Grund, der Schwangeren einen derartigen Abbruch im eigenen Interesse zu verbieten, ist auf der Basis der oben angeführten Daten nicht ersichtlich.

Wie steht es mit den *psychischen* Gesundheitsrisiken eines legalen Schwangerschaftsabbruchs? Auch solche Risiken sind nicht auszuschließen. Auch sie sind bei einem Abbruch im Spätstadium wahrscheinlicher als bei einem Abbruch im Frühstadium und im übrigen von einer Vielzahl zusätzlicher Faktoren abhängig. Zu diesen Faktoren zählt insbesondere der Umstand, ob eine Frau die abgebrochene Schwangerschaft zunächst gewollt hat, sowie der Umstand, ob sie bei wichtigen Bezugspersonen für ihre Entscheidung Unterstützung findet.[93]

Daß psychische Gesundheitsrisiken allerdings generell »viel gravierender als die somatischen« sind, ja daß die durch eine Abtreibung »bei der Frau ausgelöste Identitätskrise« viel schwerer wiegt »als der Verlust der Brust durch Amputation bei Mamma-Ca[rcinoma]«[94], muß für den Regelfall doch bezweifelt werden. Man kann sich des Eindrucks nicht erwehren, daß die Autorin dieser Behauptungen, die in selbstverständlicher Weise von der Leibesfrucht als »Person« spricht und die doziert: »Die Frau verliert bei der Abtreibung ihr ungeborenes Kind – nicht ihren Embryo, nicht ihren Föten«, ihre eigene moralische Einstellung auch den von ihr befragten Frauen unterschiebt. Es muß durchaus nicht jeder Frau eine Abtreibung als ein »widernatürlicher Akt« erscheinen, »der ihrem weiblichen Sein und Wesen und einer möglichen Erfüllung ihrer weiblichen Rolle, nämlich der Mutterschaft, diametral entgegenläuft«.

Könnten gewisse, tatsächlich wahrgenommene psychische Folgeprobleme einer Abtreibung nicht vielleicht auch mit dem inneren wie äußeren Druck bestimmter weltanschaulicher Traditionen, ja Indoktrinationen zusammenhängen? Wenn unsere Autorin in diesem Zusammenhang ausdrücklich betont, »daß die psychischen Spätfolgen nach Abtreibung primär seelischer Genese sind und nicht kirchlich-konfessionell induziert,

93 Siehe David 1988, 24.
94 So Simon 1988, 185 (ebenso für die folgenden Zitate) in einer vielzitierten Untersuchung, die die Autorin aufgrund einer Befragung an der Universitätsklinik Würzburg durchführte.

sonst müßte zumindest bei den katholischen Frauen die Beichte Gewissensentlastung und damit psychische Erleichterung bringen«[95], so dürfte dies der genannten Möglichkeit einer weltanschaulichen Wurzel dieser Probleme kaum erschöpfend gerecht werden.

Jedenfalls kommt eine Untersuchung, die die Summe aus den ca. zwanzig zuverlässigsten amerikanischen Studien über psychische Abtreibungsfolgen zieht, zu folgendem Resümee: »Die Zeit der größten Not liegt gewöhnlich *vor* der Abtreibung. Negative Reaktionen ernsthafter Natur auf eine Abtreibung sind selten und lassen sich am besten wie sonstige Streßsituationen verstehen.«[96] Dieses Resümee ist weitaus besser und umfassender belegt als die Schreckensnachricht aus Franken, daß durch den legalen Schwangerschaftsabbruch »ein Heer von schweren bis schwersten Neurotikerinnen ständig neu geschaffen«[97] wird.

Nach alledem wird man auch die Abwägung der psychischen Risiken einer Abtreibungsentscheidung der Schwangeren selbst überlassen müssen. Man darf schließlich nicht vergessen, daß auch ein Austragen ihres Kindes für die Frau mit durchaus negativen psychischen Folgen verbunden sein kann.

Weder ein generelles Abtreibungsverbot noch ein Abtreibungsverbot im Spätstadium der Schwangerschaft (»Fristenregelung«) läßt sich deshalb mit dem Gesundheitsinteresse der Schwangeren begründen. Wie steht es in diesem Zusammenhang aber mit einem Verbot der Abtreibung durch einen Nicht-Arzt?

95 Simon 1988, 187.
96 Adler 1990, 43 (Übersetzung von mir).
97 Simon 1988, 191.

Sicher wird man annehmen dürfen, daß jedenfalls eine operative Abtreibung durch einen Nicht-Arzt das Gesundheitsrisiko für die Schwangere erheblich ansteigen läßt. Es ist jedoch nicht einzusehen, warum insoweit eine *Sonderregelung* für Abtreibungen geschaffen werden sollte. Schließlich ist *jeder* operative Eingriff durch einen Nicht-Arzt aus naheliegenden Gründen mit einem erhöhten Gesundheitsrisiko für den Betroffenen verbunden. Diese generelle Thematik aber ist in der Rechtsordnung im Recht der Körperverletzungen zu regeln.[98] Für eine zusätzliche Sonderregelung in bezug auf den Schwangerschaftsabbruch besteht um so weniger Anlaß, als kaum anzunehmen ist, daß nach einer ersatzlosen Streichung des § 218 Schwangerschaftsabbrüche durch einen Nicht-Arzt von den betroffenen Frauen noch in nennenswertem Umfang nachgefragt würden.

In diesem Zusammenhang sei noch bemerkt, daß auch der Schwangerschaftsabbruch *ohne Einwilligung* der Schwangeren keine spezielle Abtreibungsregelung erfordert. Natürlich ist ein Schwangerschaftsabbruch ohne Einwilligung der Schwangeren in hohem Maß verbots- und strafwürdig. Die Strafbarkeit eines solchen Schwangerschaftsabbruchs ist jedoch bereits dadurch sichergestellt, daß dieser ohnehin unter die strafbare *Körperverletzung* ohne Einwilligung fällt. Da eine *Abtreibung* ohne Einwilligung jedoch nicht nur wegen des körperlichen Eingriffs, sondern auch wegen der unfrei-

---

98 Das alleinige Kriterium in der derzeitigen Regelung, ob die betreffende Körperverletzung »gegen die guten Sitten verstößt« (so § 226a Strafgesetzbuch), erscheint allerdings reichlich unbestimmt.

willigen Beendigung der Schwangerschaft bzw. Verhinderung der künftigen Mutterschaft als strafwürdig erscheint, wäre daran zu denken, für den Schwangerschaftsabbruch ohne Einwilligung im Rahmen der Körperverletzungsdelikte einen Sondertatbestand zu schaffen.

Ärztliche Standesmoral

Das Ergebnis unserer Untersuchung, wonach hinreichende Gründe säkularer Art für ein Abtreibungsverbot nicht ersichtlich sind, betrifft nicht nur ein rechtliches, sondern ebenso auch ein sozialmoralisches Abtreibungsverbot. In diesem Zusammenhang kommt insbesondere der ärztlichen Standesmoral erhebliche Bedeutung zu: Eine rechtliche *Erlaubnis* der Abtreibung würde bei einem gleichzeitig von der Ärzteschaft akzeptierten standesmoralischen *Verbot* der Abtreibung den schwangeren Frauen wenig nützen.

Das häufig gegen die standesmoralische Zulässigkeit einer medizinisch nicht indizierten Abtreibung vorgebrachte Argument, es handle sich bei einer solchen Abtreibung nicht um einen *Heileingriff*, ist wenig überzeugend. Auch Entbindungen, künstliche Inseminationen, Sterilisationen oder Schönheitsoperationen sind sicher keine »Heileingriffe« im klassischen Sinn des Wortes. Wer aber wäre aufgrund seiner Ausbildung ähnlich kompetent wie der Arzt, diese Handlungen vorzunehmen? Warum also sollte der Arzt sie *nicht* vornehmen – vorausgesetzt, sie verletzen weder schützenswerte Interessen Dritter noch das wohlverstandene Eigeninteresse der hilfesuchenden Menschen?[99]

Selektive Abtreibung

Nicht selten wird in der gegenwärtigen Abtreibungsdiskussion speziell die *selektive* Abtreibung verurteilt, also die Abtreibung, die von der Schwangeren wegen bestimmter, ihr unerwünscht erscheinender *Eigenschaften* ihres Fötus erstrebt wird. Welche Konsequenzen ergeben sich für die Verbotswürdigkeit einer selektiven Abtreibung aus der in dieser Untersuchung vertretenen Grundposition? Sind diese Konsequenzen akzeptabel?

Zunächst einmal: Ich habe in diesem Buch dafür argumentiert, daß es keine hinreichenden Gründe für ein Verbot irgendeiner, von der Schwangeren gewünschten Abtreibung gibt. Nun hat die Freigabe *jeder* von der Schwangeren gewünschten Abtreibung offenbar die Freigabe der von der Schwangeren aus diesem oder jenem *bestimmten Grunde* gewünschten Abtreibung zur logischen Konsequenz. Natürlich mag man manche Abtreibungsmotive ehrenwerter finden als andere – wie man auch manche Motive, generell kinderlos zu bleiben, ehrenwerter findet als andere. Wenn sich aber das Verbot eines bestimmten Verhaltens wegen der objekti-

---

99 Daß letztere Bedingung allerdings auch im Fall gewisser riskanter Schönheitsoperationen erfüllt ist, läßt sich bezweifeln. Vom ethischen Standpunkt erscheint es verwunderlich, daß Schönheitsoperationen kaum je standesmoralisch in Frage gestellt werden.

ven Gegebenheiten nicht rechtfertigen läßt, dann erscheint es weder praktikabel noch legitim, mit Mitteln des Strafrechts Zensuren für gegebenenfalls moralisch fragwürdige Motive dieses Verhaltens zu erteilen. Ob eine Schwangere abtreiben will, um eine geplante Weltreise nicht verschieben zu müssen oder um sich von den Folgen einer Vergewaltigung zu befreien, darf insoweit keinen Unterschied machen. Der objektive Umstand, daß *jede* Schwangerschaft eine erhebliche Belastung für die Schwangere bedeutet und daß dem Fötus kein eigenständiges Lebensrecht zusteht, liegt in beiden Fällen in gleicher Weise vor.

Sofern selektive, auf bestimmte Eigenschaften des Fötus abstellende Abtreibungen gesellschaftspolitisch unerwünschte Nebenwirkungen haben, muß man deshalb diese Nebenwirkungen mit anderen Methoden als denen des Strafrechts bekämpfen. In diesem Zusammenhang kann zwischen zwei verschiedenen Arten von unerwünschten Nebenwirkungen unterschieden werden: solchen Nebenwirkungen, die aus bevölkerungspolitischen Gründen unerwünscht sind, und solchen Nebenwirkungen, die wegen ihres diskriminierenden Charakters unerwünscht sind.

Zu den erstgenannten Nebenwirkungen einer selektiven Abtreibungspraxis könnten etwa die Folgen einer geschlechtsspezifischen Selektion gehören. Nehmen wir an, jede Frau mit Kinderwunsch würde als Erstkind einen männlichen »Stammhalter« wünschen und erst bei eventuellen weiteren Kindern keine geschlechtsspezifische Präferenz haben. Eine Realisierung dieser Wünsche mit Mitteln selektiver Abtreibung würde natürlich zu einem gesellschaftspolitisch unerwünschten zahlenmäßigen Ungleichgewicht der Geschlechter führen.

Wie ließe sich eine insoweit bedauerliche Praxis der Frauen im Einklang mit den Grundprinzipien einer freiheitlichen Gesellschaft bekämpfen? – Erstens könnte man jene Mythen zu destruieren suchen, die einem allgemeinen Wunsch nach dem »Stammhalter« vermutlich zugrunde liegen. Zweitens aber könnte man notfalls auch auf dem Wege finanzieller Anreize (etwa eines höheren Kindergeldes für weibliche Kinder) das erwünschte Gleichgewicht wieder zu erreichen suchen.[100] Wenn schließlich alle Stricke reißen sollten, könnte man daran denken, schwangeren Frauen die verfügbaren Methoden zur Geschlechtserkennung ihres Fötus vorzuenthalten. Ein solches Vorgehen wäre einer *Bestrafung* selektiver Abtreibung offenbar immer noch deutlich vorzuziehen.

Vielleicht wird mancher Leser meinen, man solle der Schwangeren jene wissenschaftlichen Erkenntnismöglichkeiten, die zu einer selektiven Abtreibung führen können, *ohnehin* vorenthalten. Für ein derart restriktives Vorgehen des Staates aber besteht normalerweise kein guter Grund. Warum sollen Frauen etwa das Geschlecht ihres Kindes nicht frei wählen können – solange statistisch gesehen das erwünschte Gleichgewicht in der Gesellschaft erhalten bleibt? Wer es verwerflich findet, daß beispielsweise eine Frau, die bereits drei Jungen hat, einen männlichen Fötus abtreibt, weil sie sich als viertes Kind ein Mädchen wünscht, sollte einmal die Gründe nennen, warum dies verwerflicher ist,

100 Vgl. oben S. 106.

als wenn eine Frau, die erst *ein* Kind hat, ihren Fötus abtreibt, weil jedes weitere Kind für sie mit Abstrichen an ihrem gewohnten Lebensstandard verbunden wäre.[101]

Ich komme nun zweitens zu jenen befürchteten Nebenwirkungen einer selektiven Abtreibungspraxis, die wegen ihres diskriminierenden Charakters unerwünscht sind. In diesem Zusammenhang wird besonders häufig auf die Folgen hingewiesen, die eine selektive Abtreibungspraxis aus *eugenischen* Gründen für den sozialen Status von Behinderten habe. Die Behinderten würden durch eine solche Praxis, so wird geltend gemacht, insgesamt zu Wesen erklärt, die man eigentlich als Föten hätte abtreiben sollen, die also besser gar nicht existieren würden und deshalb auch ein Recht auf Leben nicht verdienten.[102]

Daß die betreffende selektive Abtreibungspraxis tatsächlich diese in der Tat unakzeptablen Konsequenzen für Behinderte haben wird, ist jedoch alles andere als selbstverständlich. Ja, man darf sagen, daß eine derartige Praxis zu diesen Folgen überhaupt nur auf dem

101 Ein Verbot der Abtreibung in *diesem* Fall finden offenbar die meisten unserer Spitzenpolitikerinnen, wie sie durch ihre massive Kritik des Memminger Abtreibungsurteils haben erkennen lassen, ganz untragbar.

102 In besonders drastischer Form findet sich dieses Argument in dem folgenden Zitat: »Man muß sich klarmachen, was das in Zukunft bedeuten wird für unseren Umgang mit Behinderten. Sie werden Menschen sein, denen jeder andere begegnet mit der Haltung: ›Ach je, Du hast Pech gehabt, man hat Dich am Leben gelassen. Und wir haben jetzt die Last.‹ Die Versuchung steht dann vor der Tür hinzuzufügen: ›Nun ja, wir können es ja nachholen‹.« (Spaemann 1988, 21).

Wege eklatanter Mißverständnisse und Fehlschlüsse führen könnte. Die folgenden Überlegungen sollen auf die wichtigsten dieser Mißverständnisse und Fehlschlüsse hinweisen.

Erstens: Ein selektives Abtreibungs*recht* ist etwas ganz anderes als eine selektive Abtreibungs*pflicht*, die auf irgendeine Form von staatlichem Zwang zurückgeht. Eine Abtreibungspflicht aber darf es mit Rücksicht auf die Entscheidungsfreiheit der Schwangeren in keinem Fall geben.

Zweitens: Daß jemand als Fötus hätte abgetrieben werden dürfen, hat auf seine späteren Rechte, sofern er nicht abgetrieben wurde, nicht den geringsten Einfluß. Dies gilt für Behinderte ganz genauso wie für Nichtbehinderte. Auch mein nichtbehinderter Nachbar hätte nach meiner Auffassung als Fötus – egal aus welchem Grunde – von seiner Mutter abgetrieben werden dürfen. Da er jedoch nicht abgetrieben wurde, stehen ihm heute, ja seit seiner Geburt selbstverständlich alle Menschenrechte zu. Für jeden Behinderten aber gilt genau das gleiche.

Drittens: Daß die Zulassung und Ermöglichung selektiver Abtreibung dazu führen wird, daß ein überproportionaler Anteil von »behinderten« Föten abgetrieben wird, ist sicher nicht unrealistisch. »Behinderte« Föten aber bilden keineswegs die einzige Gruppe von Föten, die ihren Müttern de facto vergleichsweise unerwünscht sind. Andere Gruppen von Föten, auf die dies zutrifft und die deshalb schon heute überproportional häufig abgetrieben werden, sind etwa durch Vergewaltigung gezeugte Föten oder Föten, deren Mütter bereits mehr als drei Kinder haben. Bedeutet das aber, daß etwa

Menschen, die mehr als drei ältere Geschwister haben, automatisch sozial diskriminiert werden?

Viertens: Es mag sogar zutreffen, daß die ungehinderte Möglichkeit selektiver Abtreibung aus eugenischen Gründen – ähnlich wie bereits heute die Abtreibungsmöglichkeit bei Kinderreichtum – zu einem gewissen informellen sozialen Druck in Richtung Abtreibung führen wird. Wäre das aber unbedingt zu bedauern? Verdient eine Frau, die einen »behinderten« Fötus abtreibt und *statt dessen* einem gesunden Fötus – und später gesunden Menschen – das Leben schenkt, nicht dafür eher Lob als Tadel? Und zwar nicht so sehr deshalb, weil sie hierdurch der *Gesellschaft* eine Belastung erspart; sondern primär deshalb, weil sie hierdurch einem Menschen mit einem wahrscheinlich besseren Leben zur Existenz verhilft. Wer dies leugnet, müßte etwa auch leugnen, daß eine Frau, die momentan Medikamente einnimmt, die ihren Fötus dauerhaft schädigen würden, besser daran tut, mit einer geplanten Schwangerschaft zu warten, bis sie die betreffenden Medikamente wieder abgesetzt hat. Es ist aus diesem Grund auch durchaus zu bejahen, schwangeren Frauen die modernen Möglichkeiten pränataler Diagnostik zugänglich zu machen.

Fünftens: All dies zuzugestehen, hat nichts damit zu tun, ein behindertes Leben als »unwert« zu betrachten. Vorausgesetzt wird lediglich, daß ein behindertes Leben, das selbstverständlich seinen Wert hat, für den Behinderten selbst im Normalfall einen *größeren* Wert hätte, wenn es *nicht* behindert wäre. Wenn wir von *dieser* Voraussetzung aber nicht ausgehen dürften, dann hätten wir auch keinen Grund, uns für die Aufhebung und Milderung von Behinderungen (ebenso wie für die Heilung und Linderung von Krankheiten) einzusetzen.

Nicht indem man diese Mißverständnisse und Fehlschlüsse vertritt und ihrer Verbreitung Vorschub leistet, setzt man sich tatsächlich für die Interessen und Rechte der behinderten Menschen ein. Man tut dies vielmehr dadurch, daß man diese Mißverständnisse und Fehlschlüsse überall dort, wo sie auftauchen – also auch im Kreis der Behinderten selbst –, bekämpft und daß man in keinem Kontext an der konsequenten Forderung nach Gleichberechtigung aller geborenen Menschen, ob behindert oder nicht, einen Zweifel läßt.

Es ist nicht mein Vorschlag einer ersatzlosen Streichung des § 218, der – dadurch, daß er der Schwangeren unter allen Bedingungen Handlungsfreiheit in bezug auf das Leben ihres Fötus einräumt – eine Diskriminierung behinderter menschlicher Wesen in *irgendeinem* Stadium ihrer Entwicklung beinhaltet: Als Föten dürfen sie – wie alle anderen Föten auch – getötet werden; als Geborene müssen sie – wie alle anderen Geborenen auch – uneingeschränkt respektiert werden. Es ist vielmehr die Regelung unseres geltenden Strafrechts, die eine solche Diskriminierung (im Stadium des Fötus) ausdrücklich vorsieht – und insofern eine Übertragung dieser Diskriminierung auf die Zeit nach der Geburt als denkbar erscheinen läßt! Dieses Strafrecht, das generell von dem Lebensrecht des Fötus ausgeht, gewährt nämlich im Fall einer eugenischen Indikation der Schwangeren von der dreizehnten bis zur zweiundzwanzigsten Schwangerschaftswoche ein Tötungsrecht gegenüber dem Fötus, das dasselbe Strafrecht der Schwangeren gegenüber dem *gesunden* Fötus ausdrücklich verweigert.[103]

Im Ergebnis bleibt es dabei: Wer für die generelle Zulassung freier Abtreibung ist, kann auch ein Verbot selektiver Abtreibung nicht befürworten. Die selektive Abtreibung ist nicht mehr als ein Randproblem, das – nicht unähnlich den Gesundheitsgefahren der Abtreibung – gern als Vorwand benutzt wird, um den ethischen Grundsatzfragen auszuweichen.

103 Siehe § 218a Strafgesetzbuch.

Nachwort

Es gibt kaum ein aktuelles Problem in unserer Gesellschaft, dessen öffentliche Diskussion so sehr von Heuchelei, Vorurteil und Rationalisierung bestimmt ist wie das Abtreibungsproblem:

Man beschwört das Lebensrecht der »ungeborenen Kinder« – und spricht sich gleichzeitig für eine Fristen- bzw. Beratungsregelung aus.

Man plädiert für eine Bestrafung jenseits der Dreimonatsfrist – und kann keinen einzigen relevanten Unterschied zwischen Früh- und Spätabtreibung nennen.

Man duldet massive und langandauernde Quälereien von gewissen Lebewesen (Tieren) – und regt sich auf über die schmerzlose Tötung von anderen Lebewesen (Föten), deren Fähigkeiten weit weniger entwickelt sind.

Man behauptet, die vorgegebene Menschenwürde des Fötus zu schützen – und macht sich nicht klar, daß hinter dieser »Menschenwürde« allenfalls die religiöse Glaubensannahme der »Gottebenbildlichkeit« steht.

Man will durch ein Abtreibungsverbot die Entstehung menschlichen Lebens fördern – und propagiert gleichzeitig Empfängnisverhütung.

Man zitiert die Gesundheitsgefahren der Abtreibung – und vergißt, daß diese nicht größer sind als die Gesundheitsgefahren der Entbindung.

Man spricht von der »Widernatürlichkeit« der Abtreibung und ihren Folgeneurosen – und bedenkt nicht, daß es nicht Aufgabe des staatlichen Strafrechts sein

kann, Bürger vor den Gewissensfolgen ihrer selbstge-
wählten »Sünden« zu bewahren.

Wer den Fötus als *Menschen* bezeichnet, sollte ihn auch
– mit allen Konsequenzen – als Menschen behandeln.
Nicht derjenige schafft Gefahren, der lediglich *gebore-*
nen menschlichen Wesen Menschenrechte und Gleichbehandlung zugesteht; sondern diejenigen schaffen Gefahren, die Menschenrechte und Gleichbehandlung für
einige Wesen, obwohl diese in ihren eigenen Augen
Menschen sind, willkürlich einschränken. Das funda-
mentale Prinzip, wonach jedem »Menschen« und jedem
»Kind« – ob jung oder alt, ob behindert oder nicht – die
gleichen Grundrechte zustehen, muß unantastbar bleiben.

Anhang:
Das Lippenbekenntnis des Bundesverfassungsgerichts zum Lebensrecht des Ungeborenen*

Nach einer in unserer Gesellschaft weitverbreiteten Position, wie sie von Politikern, Juristen und Theologen fast ausnahmslos vertreten wird, steht jedem menschlichen Individuum bereits mit Beginn seiner Existenz zum Zeitpunkt der Empfängnis das Recht auf Leben zu. Wir haben in der vorliegenden Schrift im einzelnen gesehen, daß diese Position nicht rational begründbar ist. In diesem Anhang möchte ich nun – aus Anlaß des zweiten Abtreibungsurteils des Bundesverfassungsgerichts vom 28. 5. 1993 – zeigen, daß diese offizielle Position von jenen Leuten, die sich zu ihr bekennen, gerade in der Abtreibungsfrage auch gar nicht ernst genommen wird: Sie vertreten, wenn es um den *tatsächlichen Schutz* des Ungeborenen durch das Recht geht, Auffassungen, die mit dieser Position völlig unvereinbar sind. Sie müßten also, wenn sie an diesen Auffassungen trotzdem festhalten und konsequent sein wollen, ihre Position zum Beginn des Lebensrechtes preisgeben.

Die derzeit geltende Regelung der Abtreibungsfrage –

---

* Dieser Anhang stellt die erweiterte Fassung eines Aufsatzes dar, der unter dem Titel »Das ›Recht auf Leben‹ der menschlichen Leibesfrucht – Rechtswirklichkeit oder Verfassungslyrik?« in der Fachzeitschrift *Juristische Schulung* 1995, S. 192-197 erschienen ist.

eine Fristenregelung mit Beratungspflicht – wird in ihren Grundzügen nicht nur von einem breiten Konsens von Politikern, Juristen und Theologen getragen, die sich alle zu der offiziellen Position bekennen. Sie ist außerdem vom Bundesverfassungsgericht, das sich ebenfalls zu dieser Position bekennt, in seinem Urteil vom 28. 5. 1993 ausdrücklich gutgeheißen worden. Da dieses Urteil nicht nur – als Urteil unseres höchsten Gerichts – eine besondere Bedeutung besitzt, sondern auch eine besondere Sorgfalt und Ausführlichkeit der Begründung aufweist, werde ich meine Behauptung eines Widerspruchs zwischen geltender Abtreibungsregelung und offizieller Position im folgenden ausschließlich anhand dieses Urteils belegen. Das Urteil ist abgedruckt in *Entscheidungen des Bundesverfassungsgerichts*, 88. Band, S. 203-366. Ich verweise im folgenden auf dieses Urteil durch Angabe des jeweiligen Gliederungspunktes.

Das Gericht läßt in seinem Urteil nicht den geringsten Zweifel daran, daß es sich die offizielle Position uneingeschränkt zu eigen macht. So führt es aus, dem ungeborenen menschlichen Leben stehe, wie jedem geborenen Menschen, ein »eigenes Lebensrecht« zu, das »elementar und unveräußerlich« ist und »von der Würde des Menschen ausgeht«(D I 1a). Auch eine eventuelle Abstufung des Lebensrechtes beim werdenden Menschen – je nach seinem Entwicklungsstand – kommt nach Auffassung des Gerichts nicht in Betracht: »Wo menschliches Leben existiert, kommt ihm Menschenwürde zu«; das Recht auf Leben steht dem werdenden Menschen »schon aufgrund seiner Existenz« zu (D I 1a). Deshalb muß die Rechtsordnung dem werdenden menschlichen Leben auch von Beginn seiner Existenz an ihren vollen Schutz gewähren; es verbieten sich »jegliche Differenzierungen der Schutzverpflichtung mit Blick auf Alter und Entwicklungsstand« dieses Lebens (D II 3).

Wann also *beginnt* das von unserer Verfassung garantierte Recht des Menschen auf Leben? Von welchem genauen Zeitpunkt an muß der werdende Mensch von der Rechtsordnung geschützt werden? Nach den soeben zitierten Sätzen des Gerichts kann es auf diese Fragen nur eine einzige Antwort geben: mit dem *Existenzbeginn* des werdenden Menschen, also mit der Empfängnis oder Befruchtung. Dies bedeutet: Bereits die befruchtete Eizelle besitzt ein Lebensrecht und folglich einen uneingeschränkten Anspruch auf den Schutz ihres Lebens durch die Rechtsordnung.

Welche Maßnahmen aber ergreift unsere Rechtsordnung zum Schutz der befruchteten Eizelle vor der Einnistung? Es gibt keine solchen Maßnahmen. Nicht nur bleibt die Abtötung einer befruchteten Eizelle von jeglichem Verbot des Schwangerschaftsabbruchs von vornherein dadurch ausgeklammert, daß nach der ausdrücklichen Definition unseres Gesetzgebers von einer »Schwangerschaft« erst mit »Abschluß der Einnistung des befruchteten Eies in der Gebärmutter« die Rede sein kann (so § 218 des Strafgesetzbuches). Mehr noch: Sowohl diverse Intrauterinpessare, wie etwa die »Spirale«, als auch die »Pille danach« sind von unseren staatlichen Behörden zugelassen und dürfen ohne weiteres von Ärzten verschrieben und von Frauen angewandt werden. Beide Methoden aber verhindern keineswegs die Befruchtung einer noch unbefruchteten

Eizelle, sondern die Einnistung eines bereits befruchteten Eies: Sie bewirken die Tötung ungeborenen menschlichen Lebens, das – so jedenfalls das Gericht – eine Menschenwürde und ein Lebensrecht besitzt! Daß diese Methoden trotzdem in der Bevölkerung durchweg als völlig legitime Alternativen zur Empfängnisverhütung betrachtet und von unseren Politikern und Juristen problemlos zugelassen, ja nicht selten in einem Atemzug mit tatsächlichen Methoden der Empfängnisverhütung offen propagiert werden, zeigt schon an diesem Punkt, wie wenig die Auffassung des Gerichts vom Lebensrecht des werdenden Menschen – zumindest in seiner ersten Lebensphase – von den Verantwortlichen in unserer Gesellschaft tatsächlich ernst genommen wird.

Nur selten wird das hier zu Tage tretende Problem auch nur gesehen und offen thematisiert. Als geradezu grotesk muß es jedoch wirken, wenn man dieses Problem gelegentlich dadurch zu lösen sucht, daß man die Flucht nach vorn antritt und *ausdrücklich* erst die Einnistung zum Beginn des menschlichen Lebensrechtes erklärt – mit der Begründung, *vor* der Einnistung sei noch eine Zellteilung mit der Folge einer Mehrlingsschwangerschaft möglich. In *jedem* Fall wird doch durch die Tötung des befruchteten Eies menschliches Leben getötet; und dies ist nach der Auffassung des Gerichts der alles entscheidende Gesichtspunkt. Soll dieses menschliche Leben tatsächlich nur deswegen schutzlos bleiben, weil zum Zeitpunkt der Tötung noch nicht feststeht, ob sich aus ihm nur *ein* Individuum oder *mehrere* Individuen entwickeln werden? Sind etwa generell Zwillingskinder weniger schutzwürdig als ein einzelnes Kind?

Es läßt sich kaum leugnen: Die Tatsache, daß der werdende Mensch bis zum Zeitpunkt der Einnistung de facto keinerlei Schutz durch unsere geltende Rechtsordnung genießt, ist mit der offiziellen Position unvereinbar. Wie steht es nun um den Schutz des werdenden Menschen *nach* der Einnistung? Gewährt unsere Rechtsordnung einen solchen Schutz? Und kann die *Art des Schutzes*, den unsere Rechtsordnung gewährt, als dem Lebensrecht des Fötus angemessen betrachtet werden? Mit diesen Fragen hat das Gericht sich in seinem Urteil auf das Eingehendste befaßt.

Zunächst einmal führt das Gericht aus, daß nur Regelungen in Betracht kommen, die »für einen angemessenen und wirksamen Schutz ausreichend« sind (D I 2b). Dabei sei »das Strafrecht regelmäßig der Ort, das grundsätzliche Verbot des Schwangerschaftsabbruchs und die darin enthaltene grundsätzliche Rechtspflicht der Frau zum Austragen des Kindes gesetzlich zu verankern«, da es um die »Achtung und grundsätzliche Unverletzlichkeit menschlichen Lebens« gehe. Gleichwohl könne »wegen verfassungsrechtlich ausreichender Schutzmaßnahmen anderer Art« von einer Strafdrohung für Schwangerschaftsabbrüche »in begrenztem Umfang« abgesehen werden (D I 2c dd). Eine Mindestanforderung an den Gesetzgeber sei es allerdings, »daß der Schwangerschaftsabbruch für die ganze Dauer der Schwangerschaft grundsätzlich als Unrecht angesehen wird und demgemäß rechtlich verboten ist« (D I 2c aa). M. a. W.: Der Gesetzgeber muß den Schwangerschaftsabbruch zwar eindeutig verbieten, kann ihn aber in begrenztem Umfang, sofern er ausreichende Schutzmaßnahmen anderer Art ergreift, straflos lassen.

Dieses Schutzkonzept des Gerichts wirft eine Reihe von Fragen auf: Unter welchen näheren Voraussetzungen kann eine Handlung wie der Schwangerschaftsabbruch zwar »rechtlich verboten« sein, aber gleichwohl straflos bleiben? Wieso darf von dieser Kombination im Fall des Schwangerschaftsabbruchs jedoch nur »in begrenztem Umfang« Gebrauch gemacht werden? Gibt es tatsächlich Schutzmaßnahmen außerstrafrechtlicher Art, die im Fall des ungeborenen Lebens »für einen angemessenen und wirksamen Schutz ausreichend« sind? Ich werde diese drei Fragen nunmehr – in umgekehrter Reihenfolge – erörtern.

Welche rechtlichen Maßnahmen zugunsten des ungeborenen Lebens sind »für einen angemessenen und wirksamen Schutz ausreichend«? Was bedeutet es überhaupt, eine Schutzmaßnahme in diesem Sinn als »ausreichend« zu bezeichnen? Das Gericht gibt auf diese Fragen keine ausdrückliche Antwort. Es ist jedoch nicht schwierig, auf dem Hintergrund des Funktionierens der üblichen Schutzvorschriften in anderen Rechtsbereichen diese Fragen zu beantworten. Betrachten wir etwa die Vorschriften unserer Rechtsordnung zum Schutz des Privateigentums. Der einzelne ist gegen Angriffe auf sein Eigentum, etwa in Form eines Diebstahls, auf mindestens viererlei Art durch die Rechtsordnung geschützt: a) Die Polizei ist verpflichtet, durch ihr Eingreifen einen drohenden Diebstahl möglichst zu verhindern. b) Der Betroffene hat das Recht, einen drohenden Diebstahl im Wege der Notwehr von sich abzuwehren. c) Der Betroffene hat das Recht, die gestohlene Sache zurückzufordern bzw. von dem Dieb Schadensersatz zu verlangen. d) Diebstahl ist mit Kriminalstrafe bedroht.

Ist dieser vierfache rechtliche Schutz »ausreichend«? Sicher nicht in dem Sinn, daß er dazu führt, alle Diebstähle zu verhindern. Wohl aber in dem Sinn, daß die grundsätzlich legitimen sowie verfügbaren rechtlichen Schutzmaßnahmen tatsächlich zum Einsatz kommen und auch von einem gewissen Erfolg begleitet sind. Dabei leistet offenbar jede der vier Maßnahmen zu diesem relativen Erfolg ihren Beitrag. Ohne Einsatz etwa der Kriminalstrafe würde es – das beweisen wissenschaftliche Untersuchungen wie die allgemeine Lebenserfahrung – sicherlich mehr Diebstähle geben, als tatsächlich begangen werden. Das genaue Ausmaß, in dem gerade die Kriminalstrafe zum Schutz des Eigentums beiträgt, läßt sich freilich kaum bestimmen. Gleichwohl würde man sicher nicht behaupten können, bereits die drei erstgenannten Schutzmaßnahmen – unter Verzicht auf die Kriminalstrafe – seien »ausreichend«.

Zum Schutz eines menschlichen Individuums mit einem eigenen Lebensrecht aber müssen die Maßstäbe dafür, was als »ausreichend« gelten kann, mit Sicherheit *mindestens* so streng sein wie zum Schutz des Eigentums. Das menschliche Leben ist schließlich ein ungleich höheres Rechtsgut als das Eigentum. Dies dürfte auch die Auffassung des Gerichts sein, das ja, wie oben zitiert, einen Schutz des ungeborenen Lebens durch das Strafrecht jedenfalls »regelmäßig« für angezeigt hält. Die von dem Gericht gleichwohl in Betracht gezogenen »Schutzmaßnahmen anderer Art« können danach nur unter der Voraussetzung als zulässiger Ersatz für einen strafrechtlichen Schutz gelten, daß sie im Ergebnis einen *mindestens gleich großen* Schutz wie das Strafrecht gewähren.

Das Gericht ist offensichtlich der Überzeugung, daß beim Schwangerschaftsabbruch in den ersten zwölf Wochen diese Voraussetzung auf eine Fristenregelung mit Beratungspflicht, wie der Gesetzgeber sie beschlossen hat, zutrifft. Zur Begründung seiner Überzeugung weist das Gericht vor allem auf die »Erfahrungen der bisherigen Rechtspraxis« hin. Diese Erfahrungen – sowohl die mit einer bloß medizinischen Indikation *vor* 1976 als auch die mit einer differenzierten Indikationenregelung *nach* 1976 – »mußten«, so das Gericht, »den Gesetzgeber beunruhigen«. Beide Arten der Regelung hätten nämlich »nicht zu verhindern vermocht, daß Abtreibung eine Massenerscheinung gewesen und geblieben ist« (D II 2). Die hier vom Gericht aufgestellten Behauptungen sind sicher zutreffend. Aber folgt aus ihnen, daß die inzwischen geltende *Beratungsregelung* das ungeborene Leben wirksamer schützt als eine *Bestrafungsregelung*?

Verläßliche Zahlen in die eine oder andere Richtung gibt es bislang nicht. Das schließt aber nicht aus, daß man sich in diesem Punkt mit einer gewissen Wahrscheinlichkeit ein Urteil bilden kann. Zunächst einmal ist festzustellen: Die Schutzwirkung einer Bestrafungsregelung ist sicher nicht gleich Null; eine Bestrafungsregelung der Abtreibung hat mit Sicherheit eine *gewisse* präventive Wirkung. Und zwar gilt dies ganz unabhängig davon, ob diese präventive Wirkung im einzelnen eher durch Abschreckung (»negative Generalprävention«) oder durch Stärkung des allgemeinen Rechtsbewußtseins (»positive Generalprävention«) zustandekommt. Entscheidend ist allein, daß eine Bestrafungsregelung im Ergebnis einige Frauen von der

Abtreibung abhält, die sonst, d. h. ohne eine solche Regelung, abtreiben würden. Keineswegs *jede* Frau, die abtreiben möchte, findet ja unter Bedingungen einer Bestrafungsregelung trotzdem einen abtreibungswilligen Arzt, geht zum Kurpfuscher oder nimmt eine Selbstabtreibung vor. Die häufig – auch von Politikern und Juristen – aufgestellte Pauschalbehauptung, eine Bestrafungsregelung der Abtreibung bleibe für den Schutz des ungeborenen Lebens »wirkungslos«, ist einfach falsch.

Diese Auffassung wird im übrigen durch empirische Erfahrungen im Ausland gestützt. So hat in den vergangenen Jahrzehnten beispielsweise Rumänien aus bevölkerungspolitischen Motiven mehrfach seine geltende Abtreibungsregelung in strafrechtlicher Hinsicht verschärft – offenbar mit Erfolg.[104] Zwar ist es, wie das Gericht ausführt, generell richtig, daß sich »auf Erfahrungen aus dem Ausland wegen der nicht gesicherten Vergleichbarkeit der jeweiligen Verhältnisse nur bedingt zurückgreifen« läßt (D I 4b). Dieser Vorbehalt gilt aber für Erfahrungen jeder Art; auch bei Erfahrungen im Inland ist die Vergleichbarkeit – wegen der unterschiedlichen *zeitlichen* Dimension – nicht automatisch sichergestellt. Ohne jede Bedeutung sind solche Erfahrungen trotz dieses Vorbehalts jedoch sicher nicht.

Nun könnte es trotz der kaum zu bestreitenden Präventionswirkung einer Bestrafungsregelung natürlich der Fall sein, daß eine Beratungsregelung wie die vom deutschen Gesetzgeber erlassene alles in allem eine

---

104 Siehe Tietze/Henshaw 1986, 23.

mindestens gleich große Präventionswirkung hat und deshalb unter dem Gesichtspunkt des Schutzes für das ungeborene Leben als Alternative zu einer Bestrafungsregelung legitim ist. Das Gericht ist offenbar der Auffassung, daß dies der Fall ist. Und es dürfte kaum möglich sein, diese Auffassung definitiv zu widerlegen. Verläßliche Vergleichszahlen über das Abtreibungsverhalten der deutschen Frauen *vor* sowie *nach* Inkrafttreten der geltenden Beratungsregelung gibt es nicht. Die folgenden Überlegungen sprechen trotzdem dafür, daß diese Auffassung bei vorurteilsloser Betrachtung kaum haltbar ist.

Gemäß der Beratungsregelung kann jede schwangere Frau, die zu einer Abtreibung entschlossen ist, in den ersten zwölf Wochen der Schwangerschaft völlig straflos eine Abtreibung von einem Arzt vornehmen lassen, sofern sie sich nur mindestens drei Tage vor dem Eingriff von einer anerkannten Beratungsstelle hat beraten lassen. Und zwar bleibt nicht nur die Frau selbst, sondern auch der den Eingriff vornehmende Arzt von allen rechtlichen Sanktionen verschont. Dabei muß nach der Festsetzung des Gerichts diese zwingend erforderliche Beratung allerdings so ausgestaltet werden, daß »positive Voraussetzungen für ein Handeln der Frau zugunsten des ungeborenen Lebens« entstehen (Leitsatz 12). Das Gericht geht offensichtlich davon aus, daß auf diese Weise eine nicht unbeträchtliche Anzahl abtreibungswilliger Frauen – ja, eine mindestens so große Anzahl abtreibungswilliger Frauen wie im Fall einer Bestrafungsregelung – von ihrem Abtreibungsverlangen abgebracht werden kann.

Diese Annahme muß als illusionär angesehen werden.

Natürlich wird es Schwangere geben, die über die diversen öffentlichen Hilfsmaßnahmen, mit denen sie im Fall eines Austragens des Kindes rechnen dürfen, nicht hinreichend informiert sind und die durch eine entsprechende Information bei der Beratung zu einer Revision ihres Abtreibungsverlangens gebracht werden können. Diese Frauen stellen erfahrungsgemäß jedoch nur eine kleine Minderheit dar. Die allermeisten Frauen suchen erst dann eine Beratungsstelle auf, nachdem sie bereits eine relativ informierte, jedenfalls aber unumstößliche Entscheidung für die Abtreibung gefällt haben.[105] Der von einer bloßen Beratung für das ungeborene Leben ausgehende Schutz muß infolgedessen als gering veranschlagt werden.

Insoweit aber von einer Beratung tatsächlich eine gewisse Schutzwirkung ausgehen kann, so brauchte eine Bestrafungsregelung auf diese Form des Schutzes keineswegs zu verzichten. Die Beratung müßte zu diesem Zweck als flankierende Maßnahme zu einer Bestrafungsregelung hinzutreten, in keiner Weise obligatorisch sein, schlechthin jedermann offenstehen und die volle Anonymität der Ratsuchenden wahren. Dadurch wäre sichergestellt, daß auch unter Bedingungen einer Strafbarkeit der Abtreibung niemand, der eine Beratungsstelle aufsucht, schon *deshalb* mit einer polizeilichen Überwachung oder späteren Strafverfolgung zu rechnen hätte. Es ist nicht einzusehen, warum eine *derartige* Form der Beratung, vom Staat hinreichend gefördert und publik gemacht, nicht prinzipiell den gleichen Schutz für das ungeborene Leben wie die ge-

---

105 So Holzhauer 1991, 262 ff.

genwärtige Form der Zwangsberatung haben könnte. Hinzu käme in diesem Fall natürlich der Schutz durch die außerdem bestehende Strafandrohung – wobei die Beratung nicht zuletzt auf diesen Aspekt der Abtreibung eindringlich hinzuweisen hätte.

Was aber den Schutz des ungeborenen Lebens durch eine Bestrafungsregelung als solche betrifft, so ist grundsätzlich noch folgendes zu bedenken: Daß eine bestimmte Form der Bestrafungsregelung wie die bei uns bis 1992 geltende Regelung einer allgemeinen Notlagenindikation nur eine geringe präventive Wirkung entfaltet, bedeutet keineswegs, daß Gleiches für *jede* denkbare und vertretbare Form einer Bestrafungsregelung gelten muß! Die bis 1992 geltende Regelung lief schließlich in Konzept und Anwendung auf nichts anderes als auf eine verkappte Fristenregelung hinaus.

Wie hätte eine strafrechtliche Regelung des Schwangerschaftsabbruchs auszusehen, wenn man die Grundposition des Gerichts vom ungeborenen Leben als einem *gleichberechtigten* menschlichen Leben ernst nähme? Der Staat müßte dann zumindest den Arzt, der menschliches Leben tötet, ohne sich selbst – wie die Schwangere – in irgendeiner Konfliktlage zu befinden, ebenso konsequent und unnachgiebig bestrafen, wie er heute etwa jemanden bestraft, der Eltern auf ihren Wunsch hin von ihrem bereits geborenen, aber unerwünschten Kind befreit.

Man wende an diesem Punkt nicht ein, eine abtreibungswillige Frau sei in ihrer Situation ohne einen abtreibungsbereiten Arzt hilflos. Nach Auffassung des Gerichts tut ja gerade auch die Frau etwas Rechtswidriges und objektiv Verbotenes, wenn sie ihr Kind nicht austrägt. Daß sie *ihrerseits* hierfür wegen ihrer Konfliktlage vielleicht mit gutem Grund nur milde oder gar nicht zu bestrafen ist, kann dem das ungeborene Leben als unbeteiligter Dritter tötenden Arzt keinesfalls zugute kommen.

Würden sich aber noch in nennenswertem Ausmaß abtreibungsbereite Ärzte (oder auch nur Kurpfuscher) finden, wenn ihr Handeln nicht nur ähnlich wie die gewöhnliche Tötung eines Menschen mit Strafe *bedroht* würde, sondern wenn dieses Handeln auch in der Praxis von Polizei und Strafverfolgungsbehörden ebenso konsequent und unnachgiebig wie eine gewöhnliche Tötung *verfolgt* würde? Sicher nicht. Auch gegen den »Abtreibungstourismus« ins Ausland ließen sich, wenn man konsequent wäre, durchaus eindämmende Maßnahmen ergreifen.

Was aber wären unter diesen Umständen die Folgen für die abtreibungswilligen Frauen? Würden nicht doch etliche von ihnen, bevor sie eine Selbstabtreibung mit ihren beträchtlichen Gesundheitsgefahren riskieren, ihr Kind eher austragen? Und würde diese Zahl nicht noch ansteigen, wenn der Staat erstens über die Gefahren einer Selbstabtreibung eindringlich aufklären, zweitens den Frauen eine wirklich umfassende Hilfe während der Schwangerschaft und der nachfolgenden Mutterschaft anbieten und drittens auf die Adoption trotz allem unerwünschter Kinder hinwirken würde?

Wer den Schutz des ungeborenen Lebens durch eine Beratungsregelung und den Schutz des ungeborenen Lebens durch eine Bestrafungsregelung in rechtspolitischer Absicht vergleichen will, darf als Bezugspunkt eben nicht eine Bestrafungsregelung wählen, die sich durch Halbherzigkeit und Inkonsequenz (»verkappte Fristenregelung«) auszeichnet; er muß als Bezugspunkt vielmehr eine – freilich unter Bedingungen der Praxis – *optimale* Form der Bestrafungsregelung wählen! Natürlich trifft Gleiches auf den anderen Bezugspunkt, die Beratungsregelung zu. Die möglichen Schutzwirkungen einer Beratungsregelung müssen jedoch in einer Rechtsordnung, die Formen von Gehirnwäsche und ähnliche Methoden prinzipiell nicht zulassen kann, von vornherein als relativ gering betrachtet werden.

In diesem Zusammenhang sollte man bedenken, daß es kaum ein Zufall sein kann, daß eine Beratungsregelung, soweit es um die Verhinderung rechtlich verbotener Handlungen geht, in unserer Rechtsordnung ein absolutes Unikum darstellt. Will man demnächst etwa auch zum Schutz anderer Rechtsgüter als des ungeborenen Lebens von einer Bestrafungs- zu einer Beratungsregelung übergehen? Angenommen, es ließe sich tatsächlich in einem bestimmten Bereich zeigen, daß die Präventionswirkung der bestehenden Bestrafungsregelung in der Realität so gering ist, daß eine Beratungsregelung ihr überlegen sein könnte. Würde man in diesem Fall nicht mit Recht von einer »Kapitulation des Staates« sprechen? Und würde man nicht, bevor man die Strafbarkeit als »wirkungslos« *aufhebt*, zunächst einmal fordern, daß der zulässige Rahmen der Strafandrohung ausgeschöpft und Aufklärung und Verfolgung der betreffenden Straftaten intensiviert werden? Warum verfährt man im Fall des ungeborenen Lebens, dem doch ein gleich großer Schutz wie dem geborenen Leben zukommen soll und das somit in der

Rechtsordnung höchsten Rang genießen muß, anders?

Das gängige Schlagwort in diesem Zusammenhang lautet, ein wirksamer Schutz des ungeborenen Lebens sei, wie das Gericht es formuliert, »nur *mit* der Mutter, aber nicht gegen sie möglich« (D II 3). Warum dies freilich – im Gegensatz zu allen anderen mit Strafe bedrohten Handlungen – so sein soll, bleibt unklar. Im üblichen Sinn der Worte trifft dies offenbar auf *sämtliche* Straftaten zu: Man kann die betreffende Tat nur *mit* dem potentiellen Täter – nämlich auf dem Weg über seine Willensbildung – verhindern; eben deshalb droht man ihm ja mit Strafe! Aber auch in zwei anderen vielleicht gemeinten Bedeutungen trifft Gleiches zumindest auf *einige* andere Straftaten in gleichem Umfang wie auf die Abtreibung zu. Soll gemeint sein, der Täter brauche nach Lage der Dinge kaum mit Entdeckung und Strafverfolgung zu rechnen, so ist dies realistisch betrachtet nichts anderes als eine Frage der sogenannten Dunkelziffer, die bekanntlich bei anderen Delikten, wie etwa Diebstahl oder Trunkenheit am Steuer, ebenfalls sehr hoch ist. Soll aber gemeint sein, das Opfer sei dem Täter völlig hilflos ausgeliefert, so trifft dies zum Beispiel auf Frauen, die Opfer einer Vergewaltigung, oder auf Kinder, die Opfer eines sexuellen Mißbrauchs werden, ebenfalls sehr häufig zu. Es ist befremdlich zu sehen, mit welcher Kritiklosigkeit das Gericht das genannte Schlagwort, das für eine Sonderbehandlung der Abtreibung in Wahrheit gar nichts hergibt, einer politischen oder pseudowissenschaftlichen Propaganda einfach nachbetet.

Nach alledem wird man die Frage, ob die geltende Beratungsregelung des Schwangerschaftsabbruchs zum Schutz des ungeborenen Lebens und seines Lebensrechtes im Sinne des Gerichts tatsächlich ausreichend ist, – entgegen der Einschätzung des Gerichts selbst – verneinen müssen.

Wieso darf nach Auffassung des Gerichts auf eine Bestrafungsregelung zugunsten einer Beratungsregelung zwar verzichtet werden – jedoch nur »in begrenztem Umfang«, nämlich bis zum Ende der zwölften Schwangerschaftswoche?

Diese Auffassung läßt sich auf der Basis der oben dargestellten Position des Gerichts von der Unverzichtbarkeit eines »ausreichenden« Lebensschutzes des ungeborenen Lebens offenbar nur unter der Voraussetzung begründen, daß zwar *vor*, nicht aber *nach* der Frist von zwölf Wochen eine Beratungsregelung einen unter dem Gesichtspunkt des Lebensschutzes wirksamen Ersatz für eine Bestrafungsregelung darstellt. Ich habe im Vorangehenden Gründe genannt, die dagegen sprechen, daß eine Beratungsregelung in *irgendeinem* Stadium der Schwangerschaft dieser Voraussetzung genügt. Was spricht für die offensichtliche Annahme des Gerichts, daß diese oder ähnliche Gründe zwar nicht für den Schutz des ungeborenen Lebens *vor*, wohl aber für den Schutz des ungeborenen Lebens *nach* Ablauf der Zwölf-Wochen-Frist durchgreifen? Warum muß der Fötus nach Ablauf dieser Frist plötzlich nun doch mit strafrechtlichen Mitteln geschützt werden?

Ein stichhaltiger Grund hierfür ist nicht ersichtlich. Zwar entwickeln Frauen im mittleren oder späten Stadium der Schwangerschaft de facto in deutlich geringerem Ausmaß einen Wunsch nach Abtreibung als im frühen Stadium der Schwangerschaft. Dies ist jedoch im vorliegenden Zusammenhang irrelevant. Denn ein von der Schwangeren freiwillig akzeptierter Fötus bedarf offensichtlich *gar keines* rechtlichen Schutzes gegenüber der Schwangeren. Die genannte Tatsache kann also weder für das eine noch für das andere Schutzkonzept in die Waagschale geworfen werden. Warum aber sollte generell nach Abschluß des Frühstadiums einer Schwangerschaft die Schutzwirkung einer Bestrafungsregelung zunehmen bzw. die Schutzwirkung einer Beratungsregelung abnehmen? Diese Frage wird nicht zuletzt von all den Strafrechtswissenschaftlern, die eine Beratungsregelung in den ersten zwölf Wochen der Schwangerschaft in der selbstverständlichsten Weise mit einer Bestrafungsregelung in den späteren Wochen der Schwangerschaft kombinieren wollen, in aller Regel kaum gestellt, geschweige denn beantwortet.

Auch das Gericht streift die Frage lediglich, indem es über die Frau im Frühstadium der Schwangerschaft ausführt: »Sie allein und nur von ihr selbst ins Vertrauen Gezogene wissen in diesem Stadium der Schwangerschaft um das neue Leben, das noch ganz der Mutter zugehört und von ihr in allem abhängig ist.« Die insoweit gegebene »Unentdecktheit, Hilflosigkeit und Abhängigkeit« des Fötus sei es, die allein im Frühstadium der Schwangerschaft für eine Beratungsregelung spreche (D II 3).

Diese Begründung für eine unterschiedliche Akzeptabilität von Beratungs- und Bestrafungsregelung je nach dem Stadium der Schwangerschaft ist jedoch überaus dürftig und wenig überzeugend. Was »Hilflosigkeit« und »Abhängigkeit« des Fötus angeht, so ist hier überhaupt kein Unterschied zwischen einem frühen und einem späten Stadium der Schwangerschaft zu erkennen. Was aber die »Unentdecktheit« des Fötus betrifft, so dürfte diese in vielen Fällen bis weit über das Ende der zwölften Schwangerschaftswoche hinaus bestehen. Ja, man liest in der Presse immer wieder von Fällen, in denen Teenager sogar ihre neugeborenen Kinder töten – ohne daß irgendeine andere Person über die vorherige Schwangerschaft informiert war. Vor allem aber darf man nicht vergessen: Es ist ja weniger die Schwangere selbst als vielmehr der unbeteiligte Dritte (Arzt oder Kurpfuscher), der durch eine adäquate Bestrafungsregelung von einer Abtreibung abgehalten werden soll. Dieser Dritte aber wird im Normalfall – und zwar ganz unabhängig vom Stadium der betreffenden Schwangerschaft – gar nicht wissen, inwieweit die Schwangere bereits ihr soziales Umfeld über ihren Zustand ins Vertrauen gezogen hat.

Die vom Gericht weitgehend als selbstverständlich erhobene Forderung, eine Beratungsregelung dürfe lediglich »in begrenztem Umfang«, nämlich in den ersten zwölf Wochen der Schwangerschaft, zum Schutz des ungeborenen Lebens herangezogen werden, läßt sich gerade unter der Voraussetzung einer prinzipiell ausreichenden Schutzwirkung einer Beratungsregelung kaum zufriedenstellend begründen. Wenn das Gericht die gesetzgeberische Entscheidung – Beratungsregelung *vor*, Bestrafungsregelung *nach* den ersten zwölf Wochen der Schwangerschaft – tatsächlich vorurteilslos überprüft hätte, hätte es erkennen müssen: Diese Entscheidung ist mit der gleichzeitig vertretenen Prämisse vom *unabgestuften* Lebensrecht und Lebensschutz des Fötus nicht vereinbar.

Unter welchen Voraussetzungen kann überhaupt eine Handlung wie der Schwangerschaftsabbruch zwar »rechtlich verboten« sein, aber gleichwohl straflos bleiben? Zunächst einmal: Sicherlich ist es normalerweise unproblematisch, eine rechtlich verbotene, rechtswidrige Handlung straflos zu lassen, wenn sie von anderen rechtlichen Sanktionen begleitet ist. So ist etwa ein (rechtswidriger) Vertragsbruch gewöhnlich zwar nicht strafbar, wohl aber von spezifisch zivilrechtlichen Sanktionen, wie etwa der Verpflichtung zur Leistung von Schadensersatz gegenüber dem Vertragspartner, begleitet. Der Fall des Schwangerschaftsabbruchs aber liegt anders; hier ist entsprechend der Beratungsregelung offenbar *keinerlei* rechtliche Sanktion vorgesehen. Kann die Rechtsordnung aber eine Handlung sinnvollerweise für verboten erklären, ohne diese Handlung mit *irgendwelchen* Sanktionen zu verknüpfen?

Diese Frage wird im Kontext der gegenwärtigen Rechtstheorie unterschiedlich beantwortet. Mit Sicherheit darf man folgendes sagen: Unsanktionierte, aber gleichwohl als verboten bezeichnete Handlungen kann es in einer Rechtsordnung allenfalls am Rande geben. Ein Beispiel war eine Zeitlang die Anschnallpflicht beim Autofahren. Eine Rechtsordnung ist nämlich in ihrem Wesen geradezu dadurch definiert, daß die von ihr ausgesprochenen Verbote *im Regelfall* mit der Androhung von Eingriffen in Leben, Freiheit oder Vermögen, also von Sanktionen, verknüpft sind. Selbst jene Rechtstheoretiker, die diese Verknüpfung nicht für jeden Einzelfall fordern, würden deshalb vermutlich große Bedenken haben, in einer so zentralen Frage wie der des menschlichen Lebensschutzes, die ja nicht gerade als Randfrage betrachtet werden kann, die Verknüpfung für *nicht* erforderlich zu halten. Schon aus diesem Grund ist die Konzeption des Gerichts von einem zwar verbotenen, jedoch sanktionslosen Schwangerschaftsabbruch als äußerst problematisch zu bezeichnen. Wir wollen trotzdem im folgenden davon ausgehen, daß sich dieses grundsätzliche Bedenken überwinden läßt, und uns fragen, worauf das vom Gericht geforderte Verbot des Schwangerschaftsabbruchs, der gleichwohl sanktionslos bleiben kann, im einzelnen hinausläuft.

Das absolute Minimum dessen, was unter einer Handlung, die *verboten* ist, in jedem beliebigen Kontext verstanden werden muß, ist sicher der Umstand, daß derjenige, der die Handlung verbietet, diese Handlung auch *mißbilligt*. So wäre es im vorliegenden Fall sicher unsinnig zu sagen, daß das Gericht den Schwangerschaftsabbruch verbietet, falls das Gericht den Schwangerschaftsabbruch nicht zumindest auch mißbilligt. Tatsächlich scheint auf den ersten Blick an dieser Mißbilligung durch das Gericht kein Zweifel zu bestehen. Bei näherem Hinsehen zeigt sich jedoch, daß die innere Logik der vom Gericht gutgeheißenen Beratungsregelung in Wahrheit eine Mißbilligung des einzelnen Schwangerschaftsabbruchs ausschließt. Der Grund hierfür ist folgender.

Die vom Gericht angenommene Überlegenheit der Beratungsregelung gegenüber einer Bestrafungsregelung unter dem Gesichtspunkt des Lebensschutzes beruht auf einer wesentlichen Voraussetzung: Abtreibungswillige Frauen müssen, damit es überhaupt zu einer Beratung kommen kann, einen *Anreiz* besitzen, sich einer Beratung zu stellen. Einen solchen Anreiz aber besitzen sie nur dann, wenn ihnen nach abgeschlossener Beratung jedenfalls die *Möglichkeit* zu einer medizinisch einwandfreien Abtreibung offensteht. Diese Möglichkeit aber steht ihnen realiter nur dann offen, wenn sie relativ problemlos einen abtreibungsbereiten Arzt finden können. Um genau diese Voraussetzung zu gewährleisten, muß das Gericht es aber offensichtlich gerade *begrüßen*, daß prinzipiell in unserer Gesellschaft Abtreibungen von Ärzten durchgeführt werden. Und genau dieses Ziel verfolgt das Gericht bei der Beratungsregelung ja tatsächlich dadurch, daß es die Abtreibung nicht nur für die Schwangere, sondern auch für den Arzt von Strafe freistellt.

Würde der abtreibende Arzt mit Strafe bedroht, so hätte die zur Abtreibung entschlossene Frau offenbar gar keinen Grund, sich zunächst eine Beratungsbescheinigung zu beschaffen. Sie bliebe – mit oder ohne Beratungsbescheinigung – der Hilflosigkeit bzw. dem Kurpfuscher ausgeliefert. Ganz genauso aber wäre die Situation, wenn Abtreibungen zwar ungeahndet blieben, wegen ihrer Rechtswidrigkeit jedoch de facto keine (bzw. nicht genügend) Ärzte zu einer Abtreibung bereit wären. Für das Gericht gehört es deshalb sogar »zum Inhalt der öffentlichen Fürsorge«, »daß – über das Land verteilt – Einrichtungen zum Schwangerschaftsabbruch geschaffen werden« (E VI 2a bb). Daß sich genügend Ärzte zur (straflosen) Abtreibung bereit finden, wird vom Gericht also durchaus begrüßt, weil sich sonst die mit der Beratungsregelung verbundene Zielsetzung nicht erreichen ließe. Was jemand aber *begrüßt*, das kann er nicht gleichzeitig, indem er es für verboten und rechtswidrig erklärt, *mißbilligen*.

Und in der Tat: Bei genauerer Betrachtung des Urteils zeigt sich überdeutlich, daß das Gericht den nach einer Beratung durchgeführten Schwangerschaftsabbruch nicht nur keineswegs mißbilligt und verhindert wissen will, sondern im Gegenteil sogar seine *Verhinderung verbietet.* Schauen wir uns einmal näher an, worauf die vom Gericht konstatierte *Rechtswidrigkeit* des Schwangerschaftsabbruchs nach der eigenen Konzeption des Gerichts tatsächlich hinausläuft.

Normalerweise steht jedem, der durch eine verbotene oder rechtswidrige Handlung eine unmittelbare Bedrohung seines Lebens, einen im Rechtssinn »gegenwärtigen Angriff« auf sein Leben erfährt, nach § 32 des Strafgesetzbuches das Recht auf *Notwehr* zu. Das bedeutet, daß der Betroffene sich gegen den Angriff zur Wehr setzen und ihn von sich abwenden darf. Dabei ist dieses Recht auf Notwehr völlig unabhängig davon, ob die Angriffshandlung unter Strafe steht oder nicht; erforderlich ist lediglich, daß sie rechtswidrig ist, also einen Verstoß gegen die Rechtsordnung darstellt. Diese Voraussetzung aber ist beim Schwangerschaftsabbruch nach dem Urteil des Gerichts ausdrücklich erfüllt.

Dieses Recht auf Notwehr nützt dem durch einen Schwangerschaftsabbruch bedrohten Fötus freilich nichts, da er ja nicht die *Fähigkeit* zur Abwehr des Angriffs auf sein Leben besitzt. § 32 des Strafgesetzbuches geht jedoch, was die normativen Konsequenzen eines gegenwärtigen Angriffs betrifft, über dieses Notwehrrecht des Angegriffenen hinaus: Nicht nur der Angegriffene selbst, sondern auch jeder Dritte darf prinzipiell die erforderlichen Abwehrmaßnahmen ergreifen. Auch jemand, der selbst nicht angegriffen wird, darf also dem Angegriffenen zur Abwendung des Angriffs zu Hilfe kommen. Die Notwehr nimmt in diesem Fall die Form der *Nothilfe* an. Ein Beispiel: Wenn ich sehe, wie Eltern auf einem Parkplatz im Begriff sind, ihr unfolgsames Kind zu Tode zu prügeln, darf ich eingreifen und die Eltern notfalls sogar töten, um das Leben des Kindes zu retten.

Diese Notwehrform der Nothilfe könnte im Falle eines rechtswidrigen Schwangerschaftsabbruchs natürlich eine erhebliche praktische Bedeutung gewinnen: Jeder Dritte könnte bei einem unmittelbar bevorstehenden Abbruch eingreifen und alles zur Lebensrettung des Fötus Erforderliche – unter Einschluß von Gewaltanwendung bis hin zur Tötung des Angreifers – unternehmen, um das bedrohte Leben zu retten. Mit anderen Worten: Wer sich einem Arzt gegenüber sieht, der auf Ersuchen einer schwangeren Frau deren Fötus abzutreiben im Begriff steht, dürfte diesen Arzt gewaltsam an seinem Handeln hindern. Das Ersuchen und damit die Einwilligung der Frau in die Abtreibung ändern daran nichts; denn auch die Schwangere kann nach Auffassung des Gerichts keineswegs frei über das Leben ihres Fötus – dieser besitzt ein eigenes Lebensrecht! – verfügen (Leitsatz 3). Daß die normalen Beschwernisse einer Schwangerschaft sowie die insoweit betroffenen Grundrechte der Frau nicht ausreichen können, das Lebensrecht eines menschlichen Individuums aus dem Feld zu schlagen, bedarf keiner näheren Begründung.

Genau das Recht auf Notwehr bzw. Nothilfe zugunsten des in seinem Leben bedrohten Fötus schließt das Gericht jedoch ausdrücklich aus. Seine Begründung hierfür lautet, die Rechtslage sei »so zu gestalten, daß es sich für die Frau nicht nahelegt, die Beratung gar nicht erst anzunehmen und in die Illegalität auszuweichen«. Deshalb sei, was die faktisch vorliegende Notwehrsituation des Fötus angeht, »davon abzusehen, den nach Beratung vorgenommenen Schwangerschaftsabbruch, obwohl er nicht gerechtfertigt ist, als Unrecht zu behandeln« (D III 3).

Was das Gericht hier macht, ist reiner Etikettenschwindel: Der Schwangerschaftsabbruch wird zwar als rechtswidrig *bezeichnet*, nicht aber als rechtswidrig *behandelt*. Der abtreibende Arzt, der das Recht eines menschlichen Individuums auf Leben verletzt, indem er es tötet, wird nicht nur nicht bestraft. Dieses menschliche Individuum darf sich gegen seine Tötung auch weder selbst zur Wehr setzen, noch darf ein Dritter ihm zu Hilfe kommen. Ja, der Arzt und die Schwangere können – auch dies erklärt das Gericht ausdrücklich – einen durchaus rechtsgültigen Vertrag schließen, der nichts anderes als die Tötung dieses menschlichen Individuums zum Inhalt hat (D V 6). Trotz allem ist der betreffende Schwangerschaftsabbruch jedoch nach wie vor als »rechtswidrig«, als »Unrecht« und als »rechtlich verboten« zu bezeichnen.

Das Gericht hat ja recht: Wenn der (nach ordnungsgemäßer Beratung durchgeführte) Schwangerschaftsabbruch auch als rechtswidrig *behandelt* würde, so würde es sich für die abtreibungswillige Frau nahelegen, »die Beratung gar nicht erst anzunehmen«. Denn sie könnte dann kaum darauf bauen, einen Arzt zu finden, der die genannten Konsequenzen einer rechtswidrigen Abtreibung – kein rechtsgültiger Vertrag mit der

Frau; Möglichkeit eines gewaltsamen Eingreifens Dritter – in Kauf nehmen würde. Wie wir oben schon sahen: Das Gericht muß, wenn es die mit der Beratungsregelung verbundene Zielsetzung erreichen will, den nach Beratung von einem Arzt durchgeführten Schwangerschaftsabbruch in der Tat *begrüßen*, also auch sämtliche Hindernisse, die einem solchen Schwangerschaftsabbruch im Wege stehen können, beiseite schaffen. Nur: Wie kann das Gericht dieselben Schwangerschaftsabbrüche, die es im Rahmen seines Schutzmodells verständlicherweise nicht als rechtswidrig *behandelt* wissen will, ehrlicherweise trotzdem als rechtswidrig *bezeichnen*?

Auf den ersten Blick könnte man meinen, daß es sich hier lediglich um eine *sprachliche* Inkonsequenz handelt. Wir werden jedoch sogleich sehen, daß dies keineswegs der Fall ist, daß sich hinter der sprachlichen Inkonsequenz des Gerichts vielmehr ein gravierender und unaufhebbarer Widerspruch *in der Sache* verbirgt. Fragen wir also: Warum könnte das Gericht nicht einfach die Flucht nach vorn antreten und jene Schwangerschaftsabbrüche nach ordnungsgemäßer Beratung, die es als rechtmäßig behandelt, auch offen als rechtmäßig bezeichnen?

Das Gericht könnte in diesem Zusammenhang doch versuchen, wie folgt zu argumentieren: Die Rechtsordnung mißbilligt in der Tat den Schwangerschaftsabbruch schlechthin, d. h. sie verfolgt durchaus das Ziel, *jeden* Schwangerschaftsabbruch zu verhindern. Da dieses Ziel aber nicht erreichbar ist, versucht sie immerhin, *möglichst viele* Schwangerschaftsabbrüche zu verhindern. Um dieses Ziel zu erreichen, muß sie aber –

auf der Basis der einmal gewählten Beratungsregelung – die auch nach ordnungsgemäßer Beratung immer noch gewünschten Abbrüche als Mittel zum Zweck nolens volens billigen und zulassen. Die rechtliche Billigung, die Rechtmäßigkeit der nach Beratung durchgeführten Abbrüche ist also der Preis, der nach Lage der Dinge nun einmal gezahlt werden muß, um das im Sinne des Lebensschutzes bestmögliche Gesamtresultat zu erreichen. Warum soll man dies nicht offen aussprechen dürfen? Ist denn nicht das Recht des Fötus auf Leben tatsächlich und geradezu denknotwendig besser geschützt, wenn statt, sagen wir, 40 % aller Föten nur 30 % aller Föten getötet werden?

Dieses Argument mag bei oberflächlicher Betrachtung einleuchten. Wir brauchen es jedoch nur auf einen anderen Bereich als den des Schwangerschaftsabbruchs zu übertragen, um zu sehen, daß es in Wahrheit verfehlt ist. Angenommen, jemand würde mit folgender Begründung eine Neuregelung des Schutzes der sexuellen Selbstbestimmung vorschlagen: Die derzeitige Bestrafungsregelung der Vergewaltigung entfaltet nur eine geringe Schutzwirkung für die sexuelle Selbstbestimmung; die Zahl der Vergewaltigungen ist erschreckend hoch. Da man die sexuelle Selbstbestimmung der Frau aber letztlich nicht *gegen* den Mann – er ist der Frau in der Regel ja physisch überlegen –, sondern nur *mit* dem Mann durchsetzen kann, sollte man den Mann nicht durch Androhung von Sanktionen, sondern durch Überzeugungsarbeit von seinem rechtswidrigen Vorhaben abzubringen suchen. Insbesondere an *therapeutische Angebote* mannigfacher Art wäre in diesem Zusammenhang zu denken. Wer jedoch trotz einge-

hender Beratung an seiner Vergewaltigungsabsicht fest-
hält, erhält eine Beratungsbescheinigung, die ihn dazu
berechtigt, unter Vorlage dieser Bescheinigung nach
Wahl eine Vergewaltigung vorzunehmen. Weder die betroffene Frau noch ein Dritter dürfen diese Vergewaltigung, die ja von der Rechtsordnung insoweit gebilligt
wird, gewaltsam verhindern.

Wir wollen argumentationshalber dabei annehmen,
daß eine solche Beratungsregelung im Vergleich zu
einer Bestrafungsregelung die Gesamtzahl der Vergewaltigungen zurückgehen ließe – eine Annahme, die
tatsächlich kaum unwahrscheinlicher als die entsprechende Annahme im Fall des Schwangerschaftsabbruchs sein dürfte. Trotzdem wird selbst unter dieser
Voraussetzung im Fall der Vergewaltigung kaum jemand einer Beratungsregelung das Wort reden wollen.
Warum nicht? Verständnis und Gewichtung dieses
Grundes führen uns zum zentralen Einwand gegen die
geltende Abtreibungsregelung.

Der Grund ist der folgende. Unsere Rechtsordnung
betrachtet Vergewaltigung nicht nur – wie etwa Trunkenheit am Steuer oder Umweltverschmutzung – als
etwas generell Unerwünschtes, das es möglichst zu verhindern bzw. einzudämmen gilt. Unsere Rechtsordnung gewährt vielmehr *jeder einzelnen Frau ein eigenes
Recht* auf sexuelle Selbstbestimmung, also ein eigenes
Recht darauf, nicht vergewaltigt zu werden. Mit diesem individuellen Recht aber ist es absolut unvereinbar, die Vergewaltigung *einiger* Frauen rechtlich zuzu-
lassen und diesen Frauen so den optimalen Schutz der
Rechtsordnung zu entziehen (kein Recht auf Notwehr
bzw. auf Nothilfe!), nur um auf diese Weise eine grö-

ßere Anzahl anderer Frauen vor einer Vergewaltigung zu bewahren. Mit der Natur eines individuellen Rechtes ist es nämlich generell unvereinbar, ein individuelles Recht selbst einer größeren Anzahl von Rechtsgütern derselben Kategorie gezielt zu opfern. Gerade dies macht das Wesen und die Durchschlagskraft eines individuellen Rechtes aus, daß es maximierenden Utilitätserwägungen gegenüber weitestgehend immun ist. Zwar kann ein individuelles Recht, etwa auf Eigentum, dem Schutz eines höheren Rechtsguts unter Umständen zu weichen haben. Aber das höchstrangige individuelle Recht auf Leben darf prinzipiell nicht dem Lebensschutz oder der Lebenserhaltung anderer Individuen geopfert werden.

Dieses Prinzip wird von unserer Rechtsordnung durchgehend anerkannt. Drei Beispiele: 1. Eine Mutter, die drei Kinder hat, handelt *nicht* rechtmäßig, wenn sie Kind A beide Nieren entnimmt und es dadurch tötet, um durch eine Transplantation ihre nierenkranken Kinder B und C vor dem drohenden Tod zu retten. 2. Ein Polizist, in dessen Gewahrsam sich der Chef einer Bande von Kindesentführern befindet, handelt *nicht* rechtmäßig, wenn er seinen Gefangenen einer aufgebrachten Menge zur Lynchjustiz übergibt und auf diese Weise das Leben der anderen Bandenmitglieder rettet, die die Menge in ihrer Gewalt hat. 3. Ein KZ-Arzt handelt *nicht* rechtmäßig, wenn er Patienten für die Gaskammer selektiert unter Bedingungen, unter denen, wenn er sich geweigert hätte, sein Kollege deutlich mehr Patienten selektiert hätte.

Bemerkenswert ist in diesem Zusammenhang noch folgender Punkt. Fall 3 ist gegenüber den beiden anderen

Fällen durch eine Besonderheit charakterisiert: Wir dürfen in diesem Fall annehmen, daß gerade *jene* unschuldigen Menschen, die der Arzt tatsächlich in den Tod schickt, *ohnehin* in den Tod geschickt worden wären. Denn sein Kollege, der sonst die Selektion durchgeführt hätte, hätte, so wird angenommen, weniger strenge Maßstäbe als er angewandt und deshalb noch weitere unschuldige Menschen *zusätzlich* selektiert. Unter diesen Bedingungen kann man tatsächlich *ethisch zweifeln*, ob das Handeln des Arztes nicht gerechtfertigt war. Schließlich hat er im Ergebnis *ausschließlich* individuelles Leben *gerettet*.

Genau diese Bedingung ist aber im Fall der Beratungsregelung beim Schwangerschaftsabbruch (oder auch bei der Vergewaltigung) mit Sicherheit *nicht* erfüllt. Selbst wenn man die generell größere Schutzwirkung der Beratungsregelung gegenüber einer Bestrafungsregelung unterstellt: Es gibt sicher *einige* Frauen, die trotz ordnungsgemäßer Beratung an ihrem Abtreibungswillen festhalten, die im Fall einer konsequenten Bestrafungsregelung aber aus Angst vor Strafe oder vor den Gefahren einer unsachgemäß durchgeführten Abtreibung diesen Willen aufgegeben hätten. Nicht *alle* Föten, die durch eine Bestrafungsregelung geschützt würden, werden also auch durch die Beratungsregelung geschützt. M. a. W.: Der Kreis der durch die Beratungsregelung geschützten Individuen umfaßt nicht den Kreis der durch eine Bestrafungsregelung geschützten Individuen – und dies selbst dann nicht, wenn die Beratungsregelung rein zahlenmäßig mehr Individuen schützt!

Das bedeutet: Einige Individuen werden hier gezielt zugunsten anderer Individuen von der Rechtsordnung preisgegeben. Wie kann das Gericht dies zulassen und gleichzeitig betonen: »Die Schutzpflicht für das ungeborene Leben ist bezogen auf das einzelne Leben, nicht nur auf menschliches Leben allgemein« (Leitsatz 2)? In der Preisgabe liegt doch zweifellos ein Verstoß gegen das je eigene Lebensrecht jedes einzelnen der preisgegebenen Individuen. Daß ein Individuum ein eigenes Recht auf Leben hat, bedeutet ja gerade, daß sein Leben *nicht* gegen das Leben eines oder mehrerer anderer Individuen aufgerechnet oder eingetauscht werden darf. Denn prinzipiell darf niemand Leben dadurch retten, daß er in ein bestehendes Lebensrecht eingreift. Etwas anderes kann nur in jenen seltenen Fällen gelten, in denen der Handelnde nach Lage der Dinge nicht umhin kann, in *irgendein* Lebensrecht einzugreifen. Ein Beispiel: Ein Pilot mit einem defekten Flugzeug hat nur die Wahl, entweder über einem Einfamilienhaus oder über einem Supermarkt abzustürzen.

Gerade diese Voraussetzung ist jedoch im Fall der alternativen Abtreibungsregelungen *nicht* gegeben. Denn während unter dem Beratungsmodell sowohl der Arzt, der Fötus A tötet, als auch der Staat, der diese Tötung als rechtmäßig behandelt, in A's Recht auf Leben eingreifen, würde unter dem Bestrafungsmodell weder von diesem Arzt noch vom Staat in *irgendein* Recht auf Leben eingegriffen! Selbst wenn Arzt und Staat unter dem Beratungsmodell durch die Tötung von A das Leben der Föten B und C auf indirekte Weise retten: Nicht dieser Arzt und der Staat würden unter dem Bestrafungsmodell in das Lebensrecht von B und C eingreifen, sondern die Mütter von B und C samt *ihren* Ärzten täten dies.

Im Unterschied zu einigen unserer feministisch inspirierten Strafrechtswissenschaftler, die offen für die Rechtmäßigkeit der Abtreibung nach Beratung plädieren, scheint das Gericht dieses Verständnis individueller Rechte noch zu besitzen. Denn aus diesem Grund versucht es offenbar, durch seinen Etikettenschwindel – die tatsächlich freigegebene, ja erwünschte Abtreibung nach Beratung wird gleichwohl mit dem Attribut »rechtswidrig« versehen – über die wahre Lage hinwegzutäuschen.

In der Tat: Um sich in seinem Grundrechtsverständnis nicht der Lächerlichkeit preiszugeben, mußte das Gericht sich einfach weigern, die nach der Beratungsregelung vorgenommene, aber indikationslose Tötung eines Fötus für »gerechtfertigt (nicht rechtswidrig)« zu erklären (Leitsatz 15). Seine Behauptung eines eigenen Lebensrechtes des Fötus wäre sonst zu einer *offenen* Farce geworden. So jedoch wird seine Behauptung eines eigenen Lebensrechtes des Fötus zu einer *verdeckten* Farce. Dieselbe Tötung nämlich, die das Gericht für rechtswidrig zu erklären vorgibt, *bezeichnet* das Gericht in Wahrheit lediglich als rechtswidrig; es *behandelt* diese Tötung aber in allen wesentlichen Belangen als rechtmäßig. So läuft das vom Gericht aus dem Lebensrecht des Fötus zutreffend abgeleitete »verfassungsrechtliche Verbot des Schwangerschaftsabbruchs« (D III 2a) im Ergebnis auf nichts weiter hinaus als auf das Leistungsverbot der gesetzlichen Krankenversicherung für den Abbruch: Der Schutz des Staates vor einer rechtswidrigen Tötung reduziert sich darauf, daß der Staat sich weigert, die Tötungskosten zu tragen!

Im Grunde ist es heuchlerisch, ja zynisch, die Tötung eines Individuums, dem man ein eigenes Lebensrecht zugesteht, zwar pflichtgemäß »rechtswidrig« zu nennen, gleichzeitig aber die Abwehr seiner Tötung im Wege der Notwehr oder Nothilfe zu verbieten. Dieser Zynismus wird im Fall der Abtreibung nur deshalb weniger offenkundig, weil der Fötus von einem Notwehrrecht wegen seiner völligen Machtlosigkeit ohnehin keinen Gebrauch machen könnte. Im Fall der Vergewaltigung wäre dies anders; hier würde die entsprechende Konsequenz einer Beratungsregelung – die Frau darf sich gegen den mit einer Beratungsbescheinigung ausgestatteten Täter nicht zur Wehr setzen – nichts anderes als Kopfschütteln und Empörung hervorrufen.

Gerade im Fall der Abtreibung wäre natürlich zum Schutz des betroffenen Lebensrechtes wegen der völligen Hilflosigkeit des Opfers auf das mit einem Notwehrrecht automatisch verbundene Nothilferecht Dritter größtes Gewicht zu legen. Das Gericht lehnt ein solches Nothilferecht Dritter zugunsten des Fötus jedoch, wie gesagt, ausdrücklich ab und vertraut statt dessen geradezu darauf, daß sich genügend Täter, nämlich Ärzte, bereitfinden werden, jene Individuen, denen es zuvor ein eigenes Lebensrecht zugesprochen hat, umzubringen.

In diesem Zusammenhang verdient noch eine weitere Konsequenz der Sichtweise des Gerichts Erwähnung. Da das Gericht im Rahmen der Beratungsregelung jedes private Notwehr- bzw. Nothilferecht zugunsten des Fötus ablehnt, muß davon ausgegangen werden, daß das Gericht, obschon es zu der Frage nicht ausdrücklich Stellung nimmt, erst recht das Eingreifen der Polizei zur Verhinderung der drohenden Tötung eines Fötus ablehnt. Denn ein polizeiliches Eingreifen steht in seiner Funktion einer strafrechtlichen Ahndung ja noch weit näher als ein Eingreifen privater Stellen oder Individuen.

Auch diese Ablehnung aber ist mit der Prämisse einer rechtswidrigen Verletzung des Lebensrechtes des Fötus eindeutig unvereinbar. Die generelle Aufgabe der Polizei, Gefahren für die öffentliche Sicherheit und Ordnung abzuwehren, umfaßt den Schutz aller durch Normen des öffentlichen Rechts geschützten individuellen Rechtsgüter. Ob die drohende Rechtsgutverletzung auch unter Strafe steht, ist dabei irrelevant. Das Leben des Fötus aber ist nach Auffassung des Gerichts eindeutig ein solches Rechtsgut: Es steht nicht nur unter dem Schutz der Verfassung, sondern seine Verletzung ist außerdem vom Gesetzgeber im Rahmen einer öffentlichrechtlichen Regelung für »rechtswidrig« zu erklären (D III 2b cc). Trotzdem will das Gericht in diesem Fall der Polizei offenbar die Hände binden.

Angesichts solcher mit einer »rechtswidrigen« Abtreibung für das Gericht anscheinend ohne weiteres vereinbaren Konsequenzen wirkt es schon fast komisch, wenn das Gericht bei der Einforderung des verbleibenden Restes dieser »Rechtswidrigkeit«, nämlich des Leistungsverbots der gesetzlichen Krankenversicherung, den Ernst der Lage beschwört und dieses Leistungsverbot tatsächlich damit begründet, daß ohne ein solches Verbot das »allgemeine Bewußtsein in der Bevölkerung« vom grundsätzlichen Unrecht des Schwangerschaftsabbruchs »erheblich beschädigt würde«

(E V 2b dd). Man stelle sich folgenden Fall vor: Bei einer nach Beratung vorgenommenen Abtreibung ist der Vater des Kindes, der von Beruf Polizist ist, anwesend. Obschon er – im Einklang mit der Forderung unserer Verfassung – die Tötung seines Kindes moralisch wie rechtlich zutiefst mißbilligt, darf er – weder als Vater noch als Polizist noch als hilfsbereiter Bürger – eingreifen, um diese rechtswidrige und verbotene Tötung eines Menschen zu verhindern. Dieser Tatbestand scheint nach Meinung des Gerichts dem allgemeinen Rechtsbewußtsein keinerlei Abbruch zu tun. Erst wenn es ans Bezahlen für die Tötung geht, droht dieses allgemeine Rechtsbewußtsein »erheblich beschädigt« zu werden.

Aus alledem kann man nur den folgenden Schluß ziehen. Das Gericht *bezeichnet* nicht nur jede einzelne Abtreibung zwar als rechtswidrig, *behandelt* sie aber als im wesentlichen rechtmäßig. Das Gericht spricht auch jedem einzelnen Fötus ein eigenes Lebensrecht zwar dem Namen nach, nicht aber der Sache nach zu: Das »Lebensrecht« des Fötus wird im Munde des Gerichts zu einem bloßen Lippenbekenntnis!

Literatur

Adler, Nancy E. und andere 1990: Psychological Responses after Abortion, in: Science, Vol. 248, 41-44

Bastian, Till (Hrsg.) 1990: Denken-Schreiben-Töten, Stuttgart

Bräutigam, Hans H./David A. Grimes 1984: Ärztliche Aspekte des legalen Schwangerschaftsabbruchs in der Bundesrepublik Deutschland und in den USA, Stuttgart

Bundesgerichtshof 1987: Das natürliche Sittengesetz im Umgang der Geschlechter, in: Norbert Hoerster (Hrsg.), Recht und Moral, Stuttgart, 103-109

David, Henry P. 1988: Gibt es ein Nach-Schwangerschaftsabbruch-Syndrom?, in: pro familia magazin 5, 23-24

Gemeinsame Erklärung des Rates der Evangelischen Kirche in Deutschland und der Deutschen Bischofskonferenz 1989: Gott ist ein Freund des Lebens, Gütersloh

Häring, Bernhard 1967: Das Gesetz Christi, Erster Band, 8. Aufl., München

Hoerster, Norbert 1982: Rechtsethik ohne Metaphysik, in: Juristenzeitung, 265-272

– 1983: Moralbegründung ohne Metaphysik, in: Erkenntnis, 225-238

– 1989: Ein Lebensrecht für die menschliche Leibesfrucht?, in: Juristische Schulung, 172-178 und 1031-1032

– 1990a: Hat der Nasciturus ein Interesse am Überleben?, in: Archiv für Rechts- und Sozialphilosophie, 255-257

– 1990b: Kindstötung und das Lebensrecht von Personen, in: Analyse & Kritik, 226-244

– 1991a: Strafwürdigkeit der Abtreibung?, in: Universitas, 19-26

– 1991b: Plädoyer für Sterbehilfe im Patienteninteresse, in: Universitas, 237-245

– 1991c: Abtreibungsverbot – Religiöse Voraussetzungen und rechtspolitische Konsequenzen, in: Juristische Schulung, 190-194

– 1991d: Die unbegründete Unverfügbarkeit ungeborenen menschlichen Lebens, in: Juristenzeitung, 503-505

– 1991e: Haben Föten ein Lebensinteresse?, in: Archiv für Rechts- und Sozialphilosophie, 385-395

Holzhauer, Brigitte 1991: Schwangerschaft und Schwangerschaftsabbruch, 2. Aufl., Freiburg

Hruschka, Joachim 1988: Strafrecht nach logisch-analytischer Methode, 2. Aufl., Berlin

Hume, David 1984: Argumente gegen die Unsterblichkeit der Seele, in: Norbert Hoerster (Hrsg.), Religionskritik, Stuttgart, 48-57

Klee, Ernst 1983: »Euthanasie« im NS-Staat, Frankfurt am Main

Kuhse, Helga 1990: Die Lehre von der »Heiligkeit des Lebens«, in: Anton Leist (Hrsg.), Um Leben und Tod, Frankfurt am Main, 75-106

Kuhse, Helga/Peter Singer 1985: Should the Baby Live?, Oxford

Leist, Anton 1990a: Eine Frage des Lebens, Frankfurt am Main

– (Hrsg.) 1990b: Um Leben und Tod, Frankfurt am Main

Mackie, John L. 1981: Ethik, Stuttgart

Pfordten, Dietmar v.d. 1990: Gibt es Argumente für ein Lebensrecht des Nasciturus?, in: Archiv für Rechts- und Sozialphilosophie, 69-82 und 257-260

Ranke-Heinemann, Uta 1988: Eunuchen für das Himmelreich, Hamburg

Sass, Hans-Martin 1989: Hirntod und Hirnleben, in: Hans-Martin Sass (Hrsg.), Medizin und Ethik, Stuttgart, 160-183

Simon, Maria 1988: Pränatales Menschenleben und die psychischen Folgen nach seiner Abtreibung, in: Hubertus v. Voss und andere (Hrsg.), Chancen für das ungeborene Leben, Köln, 178-192

Singer, Peter 1984: Praktische Ethik, Stuttgart

Smart, J.J.C. 1984: Der Konflikt des christlichen Menschenbildes mit Erkenntnissen der Wissenschaft, in: Norbert Hoerster (Hrsg.), Religionskritik, Stuttgart, 42-48

Spaemann, Robert 1988: Verantwortung für die Ungeborenen, in: Schriftenreihe der Juristen-Vereinigung Lebensrecht e.V. zu Köln, Nr. 5, 13-30

– 1989: Glück und Wohlwollen, Stuttgart

Starck, Christian 1986: Die künstliche Befruchtung beim Menschen – Zulässigkeit und zivilrechtliche Folgen, München

Süssmuth, Rita 1987: Das Leben vor der Geburt, in: Katharina Zimmer, Das Leben vor der Geburt, herausgegeben vom Bundesminister für Jugend, Familie, Frauen und Gesundheit, Bonn, Umschlagseite 2

Tietze, Christopher/Stanley K. Henshaw 1986: Induced Abortion, 6th Edition, New York

Tooley, Michael 1983: Abortion and Infanticide, Oxford

Vitzthum, Wolfgang Graf 1985: Die Menschenwürde als Verfassungsbegriff, in: Juristenzeitung, 201-209

Zimmer, Katharina 1984: Das Leben vor dem Leben, München

Sachregister